JN212248

保護者と教育者のための生成AI入門

基本的な使い方とトラブル対処法から
教育での活用法まで

はじめに

　2024年のノーベル物理学賞がAIの基礎を作った研究者に贈られるなど、ますます存在感を増すAI技術。

　とても便利な反面、使い方を誤れば痛い目を見ることになる技術なので、できれば子どもたちにはAIに触ってほしくないとお思いの先生や保護者の方は多いでしょう

　しかしながら、今やAppleやGoogle、MicrosoftなどのPCやスマホ業界の大企業も本格的にAI市場に参入し始め、AIは社会にどんどん普及していっています。
　このような状況では、子どもたちがAIに触れないように育てることは不可能だと言ってもいいでしょう。

　であれば、むしろAIの注意点を学んだ上で、教育に活用するほうが良いのではないでしょうか。

*

　本書では、生成AIの中でも特にChatGPTを取り上げ、初めて扱う人でも分かるようにその概要と最新版での機能、動作に問題が生じたときの解決策を解説。

　個人情報の漏洩を防ぐために注意すべきことや生成AIと著作権の問題など、生成AIを使う上で注意すべき点も説明した上で、教育目的でChatGPTを使う際のアイディアを紹介します。

I/O編集部

保護者と教育者のための 生成AI入門

CONTENTS

第1部

ChatGPTを知る

「ChatGPTを教育に活用する」と言っても、そもそもChatGPTのことをよく知らないという人もいることでしょう。

ここではChatGPTの概要や基本的な使い方、最新版である「OpenAI o1」についてや、エラーが発生したときの対処法について解説します。

CONTENTS

1章

ChatGPTとは?

ここではChatGPTとは何かや、筆者がChatGPTでこれだけは知ってほしいと考える事項を網羅的に記載します。

筆者	●きょろ
サイト名	●AIワークスタイル
URL	●https://ai-workstyle.com/gpt-summarize/
記事名	●【2024年10月最新】ChatGPTとは?活用するメリットや初心者でもわかる使い方を徹底解説

1-1　注目を浴びるChatGPT

2023年4月に、新たな進化を遂げた「**GPT-4**」がデビューしました。このアップデートを受け、「**ChatGPT Plus**」(月額20ドルの有料プラン、詳細は後述)を利用するユーザーたちは、さらなるパワーアップを実感できるようになりました。

そして2024年5月に「**GPT-4o**」の新モデルが誕生。さらに無料版ユーザーが「GPT-4」「GPT-4o」のモデルを使うことが可能に。

その結果、多くの企業や個人が「**ChatGPT**」の可能性を探求し、サービスの創出やコミュニティ内での熱い議論が巻き起こっています。

これほどまでの注目を浴びているChatGPTとは何なのでしょう。実際にはどのようなサービスなのでしょうか。

1-2　ChatGPTとは?

ChatGPTとは、人工知能(AI)が会話相手になってくれるサービスです。あなたの入力したメッセージに対して、AIが自動的に返事を生成してくれます。

OpenAIが開発・提供しているサービスで、正式名称は「**Chat Generative Pre-trained Transformer**」(**文章生成モデル**)です。

その返事は、時には面白く、時には深い、時には不思議なものになります。

ChatGPTは、あなたの好きな話題やキャラクターで会話を楽しむことができます。

ChatGPTは、「**GPT-3.5**」やGPT-4、GPT-4oという強力なAIモデルを利用しています。

GPT-3.5やGPT-4、GPT-4oは、インターネット上の大量のテキストデータから学習しており、「**自然言語処理**※」(**NLP**)という分野で驚異的な性能を発揮しています。

> ※人間が日常的に書いたり話したりする言葉(自然言語)を解析して、コンピュータが自然言語を正しく理解・使用できるようにする技術。ChatGPTやその他のAIが本物の人間のように会話できるのは、この技術のおかげ。

また、ChatGPTは、英語だけでなく日本語にも対応しています。

日本語版のChatGPTは、日本語のテキストデータから学習したモデルを使用しており、日本人の文化や習慣に合わせた返事をすることができます。

13歳以上(18歳未満は保護者の許可が必要)であればアカウントを作成して、すぐに使うことができます。

1-3 どうしてChatGPTは話題になったのか?

ChatGPTが「今までのAI」と区別される点としては、

・流れるような、自然な文章で「対話」が可能なこと
・広範なインターネットのテキスト情報からの学びで、多岐にわたる回答が可能なこと

の2つが挙げられます。

自然な文章で「対話」が可能に

古くからのチャットボットは、あらかじめ設定された答えを元に質問に応じることはできましたが、予想外の質問への対応は困難でした。

一方で、先進的な自然言語解析を採用したChatGPTは、文章の深い意味や文脈を考慮して、柔軟な対応ができるのです。

さらに、ユーザーとのやり取りを通じて進化する能力ももっており、常に進化し続けるAIチャットボットと言えます。

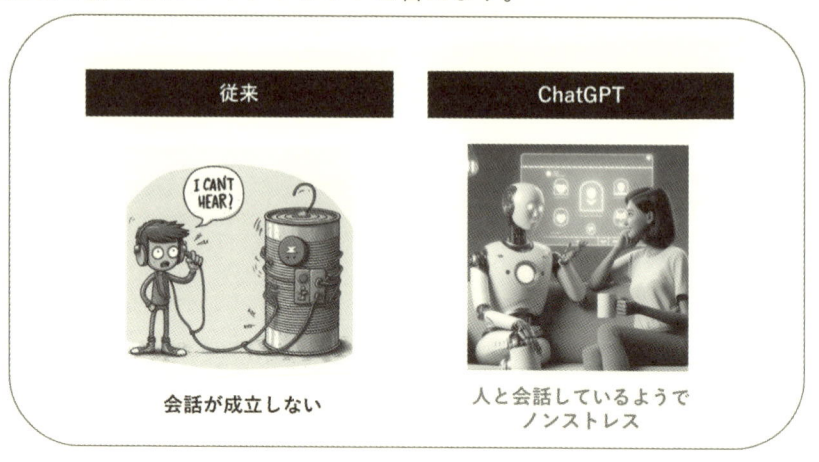

図1-1　今までのAIとChatGPTの違い

広範なインターネットのテキスト情報からの学びで、多岐にわたる回答が可能

また、ChatGPTはウェブページやニュース、書籍、ブログ、ソーシャルメディアなどの幅広いオンラインテキスト情報から継続的に学んでおり、多様なジャンルへの対応が可能となっています。

これには日常の情報から、科学、エンタメ、スポーツ、ビジネス、健康、教育、歴史、芸術など多岐にわたる領域の質問が含まれます。

ただ、この技術は「機械学習」に依存しているため、すべての情報の完璧な正確性は保証できません。

さらに、倫理やプライバシーに関わる問題に対しては、慎重な回答を心掛けることがあります。

1-4 ChatGPTの仕組み

ChatGPT は、米国の OpenAI 社によって開発された革新的な言語モデル[※]、「**GPT シリーズ**」をベースに構築されています。

> ※たとえば、「〈私の趣味は〉という文の後に〈赤〉や〈青〉といった色を表わす文が続く確率は低く、〈スポーツ〉や〈読書〉といった娯楽を表わす文が続く確率は高い」といった、「ある文章の後にどのような文章が続きやすいか」の確率を分析してモデル化したもの。

このモデルは、大規模なデータセットを用いて訓練される「**LLM**」(**大規模言語モデル**：Large Language Models)というカテゴリに属します。

2022年11月には「**ChatGPT-3.5**」が。続いて2023年3月には、より進化した GPT-4.0 を基盤とした「**ChatGPT-4.0**」が有償プランとしてリリースされました。
ChatGPT-4.0は、先代モデルを凌ぐ精度と多様性を誇り、文章生成だけでなく画像、音楽、動画生成にも対応しています。

GPT-3.5 と GPT-4.0 は、あらかじめ広範囲のデータでトレーニング(データを学習させること)されているため、ユーザーは新たな AI トレーニングを行なう必要がありません。

質問を投げかけるだけで適切な回答が得られますが、万が一誤った情報が提供された場合は、それを指摘することでモデルの学習が促進され、より精度の高い回答が期待できます。

ChatGPTの料金は無料？

ChatGPT は、基本的に無料で利用できるサービスです。
ただし、無料版では AI のパーソナリティや声質を変更することができません。最近では無料版でもできることが増えましたが、使用回数がネックとなっています。

下記はプランごとにできることです。

表1-1　ChatGPTの料金プラン①（無料版、有料版）

項　目	無料版	有料版（ChatGPT Plus）
料　金	無料	$20/月
使用可能なモデル	GPT-3.5、GPT-4、GPT-4o	GPT-3.5、GPT-4、GPT-4o
レスポンス速度	標準	高速
使用制限	混雑時は制限あり	GPT-4で3時間ごとに50メッセージ
サポート	基本サポート	優先サポート
アクセス可能時間	混雑時は制限あり	混雑時でも優先アクセス可能
プラグインアクセス	あり（制限あり）	あり
追加機能	高度な会話機能、コード解析、ファイル添付、データ分析ツール、ブラウジング機能等、Drive連携機能、カスタマイズ機能（GPTs使用）※作成は不可	高度な会話機能、画像生成、コード解析、ファイル添付、データ分析ツール、ブラウジング機能等、Drive連携機能、カスタマイズ機能（GPTs作成・使用）
プライバシー	モデル訓練用にデータ利用	モデル訓練用にデータ利用可能
セキュリティ	基本的なセキュリティ	基本的なセキュリティ

表1-2　ChatGPTの料金プラン②（ビジネスプラン、企業プラン）

項　目	ビジネスプラン（ChatGPT Team）	企業プラン（ChatGPT Enterprise）
料　金	$25/月（年払い）、$30/月（月払い）	カスタム見積もり
使用可能なモデル	GPT-3.5、GPT-4、GPT-4o	GPT-3.5、GPT-4、GPT-4o、カスタムモデル
レスポンス速度	高速	最速
使用制限	GPT-4で3時間ごとに100メッセージ	無制限
サポート	優先サポート	専用サポート、アカウント管理
アクセス可能時間	混雑時でも優先アクセス可能	混雑時でも優先アクセス可能
プラグインアクセス	あり	あり
追加機能	すべてのPlus機能＋チーム機能	すべてのPlus機能＋企業向け機能
プライバシー	モデル訓練用データ利用オプトアウト可能	カスタムデータ保持、モデル訓練用データ不使用
セキュリティ	SOC 2 Type 2コンプライアンス、SAML SSO	SOC 2 Type 2コンプライアンス、SAML SSO、詳細な管理機能、分析ダッシュボード

　詳細や最新情報については、OpenAIの公式サイトを参照してください。
　有料版の「**ChatGPT Plus**」でも、一日に送信できるメッセージ数に制限があります。
　しかしながら画像生成やプラグイン機能などや、AIのパーソナリティや声質をカスタマイズする機能が使用できます。さらに、AIと音声で会話することも可能です。

1-5 ChatGPTの欠点や使用する上での注意点

ChatGPT は、仕事に役立つ最高のサービスですが、完璧ではありません。以下のような欠点や注意点があります。

- ChatGPT は AI であるため、人間と同じ感情や思考をもっているわけではありません。
- インターネット上のテキストデータから学習しているため、不適切な言葉や内容を含む返事をすることがあります。
- ChatGPT はあなたの入力したメッセージに対して最適だと判断した返事を生成しますが、それが必ずしも正しいとは限りません。
- 会話の流れや文脈を完全に理解しているわけではありません。
- ChatGPT はあなたの直前のメッセージだけでなく、過去のメッセージも参照して返事を生成しますが、それでもときどき話が噛み合わないことがあります。
- 長い会話よりも短い会話に向いています。
- ChatGPT はあなたの個人情報やプライバシーを保護するために努力していますが、完全に安全とは言えません。
- ChatGPT はあなたの入力したメッセージや生成された返事をサーバーに保存しています。これは AI の学習や改善のために必要なことですが、第三者に漏洩したりする可能性もあります。
- ChatGPT を仕事で使う際は、個人情報や機密情報を入力しないでください。

＊

以上のように、ChatGPT は AI が仕事や会話相手になってくれるサービスですが、その性質や限界を理解して正しく使用することが重要です。

1-6　ChatGPTの始め方

ChatGPTを始めるには、PCかスマホでアクセスするだけでOKです。

PCでChatGPTを始める方法とスマホでChatGPTを始める方法をそれぞれ説明します。

手順　**PCでChatGPTを始める方法**

1 ブラウザで「ChatGPTの公式サイト」にアクセスします。

ChatGPTの公式サイト

https://chatgpt.com/

2 画面右上の[ログイン]ボタンをクリックします。

3 メールアドレスとパスワードを入力してログインします。
まだアカウントを持っていない場合は、[新規登録]ボタンをクリックしてアカウントを作成しましょう。

4 ログイン後、画面左上の[チャット]ボタンをクリックします。

5 画面中央のテキストボックスにメッセージを入力して[送信]ボタンをクリックします。
すると、AIが返事を生成してくれます。

| 手順 | スマホでChatGPTを始める方法 |

1 スマホで「ChatGPTの公式アプリ」をダウンロードします。

iPhone用アプリ

https://apps.apple.com/jp/app/chatgpt/id6448311069

Android用アプリ

https://play.google.com/store/apps/details?id=com.openai.chatgpt

2 画面右上のメニューボタン(三本線)をタップします。

3 [ログイン]ボタンをタップします。

4 メールアドレスとパスワードを入力してログインします。
まだアカウントをもっていない場合は、[新規登録]ボタンをタップしてアカウントを作成しましょう。

5 ログイン後、画面下部の[チャット]ボタンをタップします。

6 画面下部のテキストボックスにメッセージを入力して[送信]ボタンをタップします。
すると、AIが返事を生成してくれます。

1-7　ChatGPTの使い方

　ChatGPTの使い方は非常にシンプルです。あなたがメッセージを送信すれば、AIが返事を生成してくれます。それだけです。

　しかし、ChatGPTにはいくつかの機能や設定があります。ここでは、それらについて説明します。

PCでのChatGPTの使い方

　アカウントが設定されたら、試しに質問欄に気になる事項を入力して、結果を待ってみましょう。

　例として、PC版の画面で東京の人気の観光地に関する質問をしてみました。

> **k**　東京の人気の観光地を教えて
>
> もちろん、東京には多くの人気の観光地があります。以下はその中でも特に人気のある観光地をいくつか紹介いたします：
>
> 1. **浅草寺（せんそうじ）と雷門（かみなりもん）**：歴史的な仏教寺院で、多くの観光客が訪れるスポットです。雷門の巨大な提灯は写真撮影の人気スポットです。
> 2. **東京タワー**：東京のランドマークとして知られる赤い塔。展望台からは東京の景色を一望できます。
> 3. **皇居（こうきょ）**：日本の天皇が住む宮殿で、中心部には美しい庭園があります。
> 4. **渋谷の交差点**：世界でも有名な交差点で、多くの人々が一斉に歩道を横断する様子は圧巻です。
> 5. **お台場**：東京湾に浮かぶエンターテインメントのエリア。ショッピングやレストラン、観覧車などがあります。
> 6. **新宿御苑（しんじゅくぎょえん）**：都心にある大きな公園で、四季折々の花々を楽しむことができます。
> 7. **秋葉原**：電子機器やアニメ、マンガのグッズなどが集まるエリアで、オタク文化の中心地として知られています。
>
> この他にも、東京には多くの観光地や文化施設がありますので、時間と興味に応じて色々な場所を訪れてみることをおすすめします。

図1-2　ChatGPTに東京の観光地を聞いてみた

　結果として、ChatGPTは7つの観光スポットとその概要を提示してくれました。

　このようにChatGPTの利用は簡単にスタートすることができます。興味があれば、ぜひ体験してみてください。

スマホ版ChatGPTの使い方

　スマホアプリを通してChatGPTを利用する場合も、煩雑な設定は一切不要です。

　ダウンロード後、アカウント作成を終えると、すぐに無料で体験できます。

　[1-6]で紹介したようにiOSとAndroidの両方で利用可能です。

　ただし、ChatGPTという名前をもつ類似アプリが多く存在するため、慎重に選択してください。

　アプリを開くと画面下部に文章入力スペースが配置されており、そこに問いを入れると回答が届きます。

　音声による入力もサポートしており、先に紹介した文章入力スペース内の波型のアイコンをクリックすると、音声での入力が可能です。

　音声の記録が完了したら、青いバックグラウンドの中心の[Tap to stop recording]をクリックすると、その音声が文章としてチャットエリアに自動的に挿入されます。

　新規に対話を開始する際は、画面の右上部に配置されている[…]アイコンをクリックするとドロップダウンメニューが展開。

　[New Chat]というオプションをクリックすると、新しい対話セッションを開始できます。

　また、これまでの対話の履歴を確認する場合は、新規の対話を開始するときと同じく、右上の[…]アイコンをクリックして、ドロップダウンメニューから[History]を選びましょう。

　これによって、過去の対話履歴が一覧表示され、特定の対話を選択して詳細を閲覧することができます。

ChatGPT Plusの使い方

ChatGPT Plusは、ChatGPTの有料版です。

ChatGPT Plusでは、以下のような機能や特典があります。

・一日に送信できるメッセージ数は制限があるものの、グラフの作成や画像生成、音声認識機能が使えるようになります。
・AIのパーソナリティや声質をカスタマイズすることができます。
・AIと音声で会話することができます。
・ChatGPT Plus専用のコンテンツやイベントに参加できます。

ChatGPT Plusへの登録は、以下の手順です。

手順　ChatGPT Plusへの登録

1 ブラウザかアプリで「ChatGPTの公式サイト」にアクセスします。

2 画面右上か左上のメニューボタン(三本線)をクリックまたはタップします。

3 [Plus登録]ボタンをクリックまたはタップします。

4 支払い方法と期間を選択して登録します。
支払い方法はクレジットカードかPayPalが利用でき、期間は月額か年額から選べます。

5 登録が完了したら、[チャット]ボタンをクリック、またはタップしてChatGPT Plusを楽しみましょう。

ChatGPT Plusは、ChatGPTの機能や楽しさを、さらに高めるサービスです。

＊

ここまででChatGPTの概要や使い方について一通り分かったと思います。次章では、ChatGPTで何ができるのかを解説します。

2章

ChatGPTで何ができるのか

ChatGPTは、AIが会話相手になってくれるサービスですが、それだけではありません。

ChatGPTは、さまざまなことに挑戦したり、楽しんだりすることができます。

本章では、ChatGPTでできることや得意なこと、できないことや苦手なことをそれぞれ紹介します。

筆者	●きょろ
サイト名	●AIワークスタイル
URL	●https://ai-workstyle.com/gpt-summarize/
記事名	●【2024年10月最新】ChatGPTとは？活用するメリットや初心者でもわかる使い方を徹底解説

2-1 ChatGPTでできること・得意なこと

ChatGPTは、一例ですが以下のようなことに対応できます。

画像生成

2023年10月からChatGPT※に画像生成機能「DALL-E3」（DALLE3）が実装されました。

かなりクオリティの高い画像が作成されネットで話題となりました。

> ※有償版での実装。2024年8月8日からは無料版でも画像生成機能が使えるようになったが、1日2枚までという制限が付いている。

試しにライオンの画像を実際に作ってもらいましたが、かなりクオリティが高いですね。

 ライオンの画像を作成してください。

図2-1　ライオンの画像を生成するように指示した

図2-2　ChatGPTが生成したライオンの画像

画像認識

　2023年9月に、ChatGPTの新機能である画像認識機能「**GPT-4V**」が公開されました。

　インターネット上では「ChatGPTが目をもつようになった」と言われています。

　実際にスタジオジブリの「千と千尋の神隠し」のキャラクターを認識できるのか、試してみました。

　千尋とハクが並んで座っているシーンの画像をChatGPTにアップしてみると……

 この画像は、スタジオジブリの映画『千と千尋の神隠し』からのシーンです。映っているキャラクターは、左側にいる少女が千尋、右側にいる少年がハクです。この映画は、千尋が神々の住む世界に迷い込み、そこでの冒険を通して成長していく物語です。このシーンは、二人が千尋の両親を助けるために一緒に行動する中のひとつです。

図2-3　ChatGPTの解答

　これはすごいですね。キャラクター二人とも、どんな人物なのかをChatGPTは認識しています。

　さらにこの画像認識機能をもとに、ワイヤーフレームを提示することでWEBサイトやアプリの開発ができるようになったというユーザーの声がSNS上でたくさん上がっています。

メール文書作成

　ChatGPTを仕事で簡単に活かす方法といえば、こちらしかないです。

　上司へのチャットでのメッセージや取引先へのメール文書作成もChatGPTなら、ものの数秒で作成してくれます。

　試しに取引先へのメールを想定して下記のプロンプト（指示）をChatGPTへ入力し、メール文書を作成してもらいました。

あなたはエリートなビジネスマンです。以下の情報を元に取引先へのメールを作成してください。
#目的　打ち合わせの日程調整

#主な詳細　サービスに関する打ち合わせがしたい
以下の日程だと打ち合わせが可能
・11/14　13:00〜
・11/15　10:00〜
・11/17　15:00〜

打ち合わせは2時間ほどを予定

#希望するアクション
提示した候補日の中から選んでほしい

件名：
本文：
[会社名]
[担当者名]
様
{ }
何卒よろしくお願い申し上げます。

[メール署名]

すると、こんな感じでChatGPTがメールを作成してくれました。

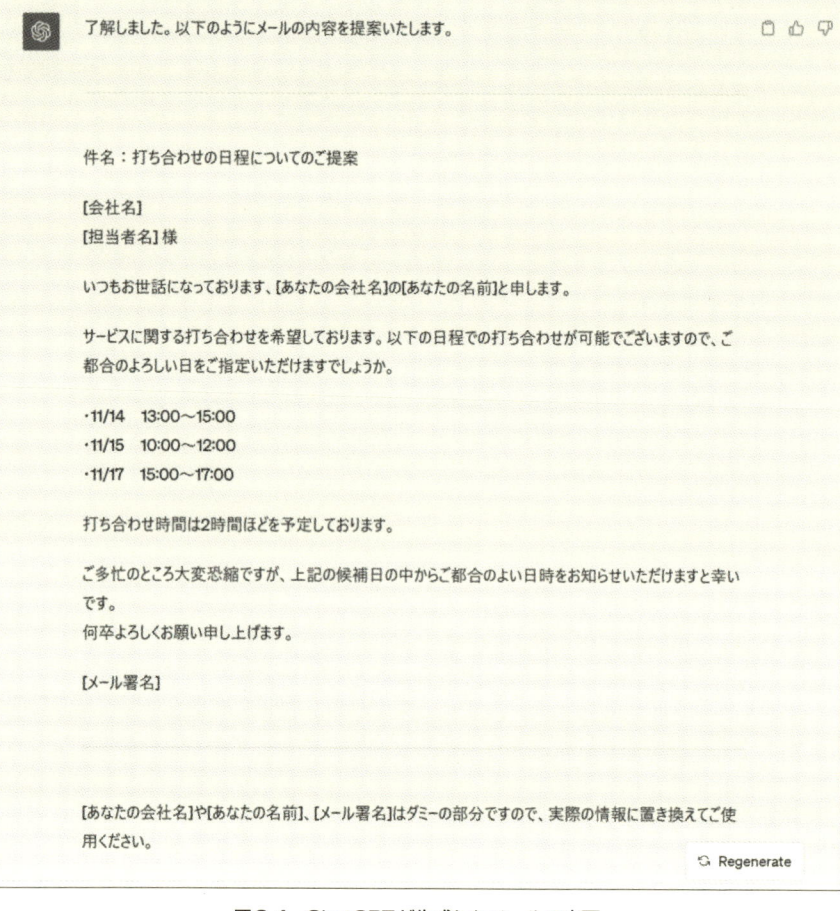

了解しました。以下のようにメールの内容を提案いたします。

件名：打ち合わせの日程についてのご提案

[会社名]
[担当者名]様

いつもお世話になっております、[あなたの会社名]の[あなたの名前]と申します。

サービスに関する打ち合わせを希望しております。以下の日程での打ち合わせが可能でございますので、ご都合のよろしい日をご指定いただけますでしょうか。

・11/14　13:00〜15:00
・11/15　10:00〜12:00
・11/17　15:00〜17:00

打ち合わせ時間は2時間ほどを予定しております。

ご多忙のところ大変恐縮ですが、上記の候補日の中からご都合のよい日時をお知らせいただけますと幸いです。
何卒よろしくお願い申し上げます。

[メール署名]

[あなたの会社名]や[あなたの名前]、[メール署名]はダミーの部分ですので、実際の情報に置き換えてご使用ください。

↻ Regenerate

図2-4　ChatGPTが生成したメールの文面

新卒や敬語が苦手なビジネスマンは、もうこれで充分ですね。

図や表の作成

ChatGPTでは図や表の作成もできます。

たとえば、ChatGPTに2023年の男女の人口推移をまとめたファイルを渡して、「添付ファイルは2023年の男女の人口推移です。ファイルを基に図を作成してください」と指示してみました。

図2-5　添付ファイルから図を作成するよう指示する

すると、実際にこのような図を作成してくれました。

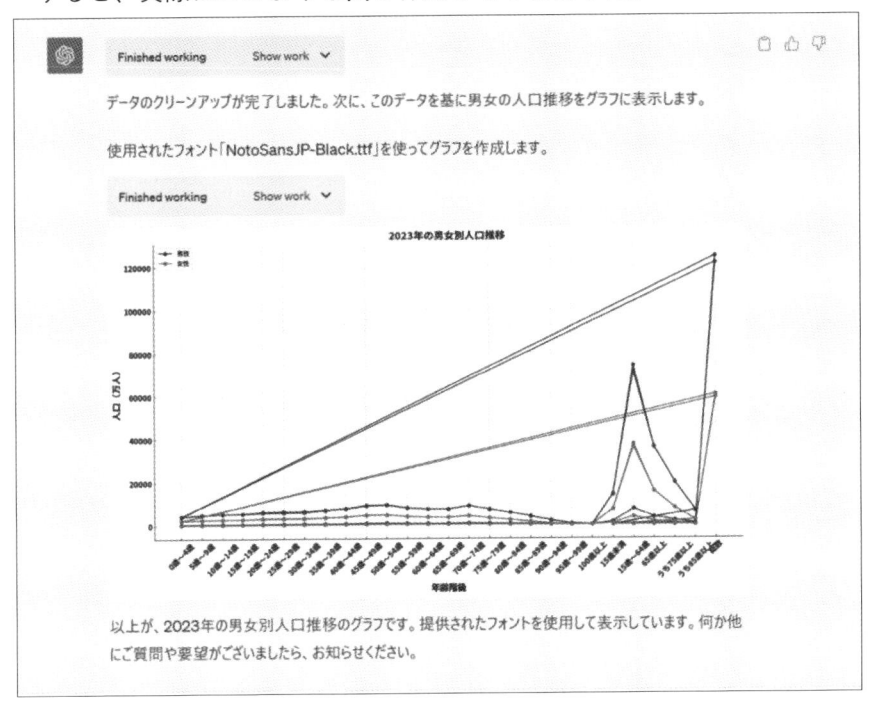

図2-6　人口推移のグラフを作成してくれた

この機能のすごいところは、**次図**のようにファイル内にエラーがあっても勝手に修正してくれるところ。本当に優秀です。

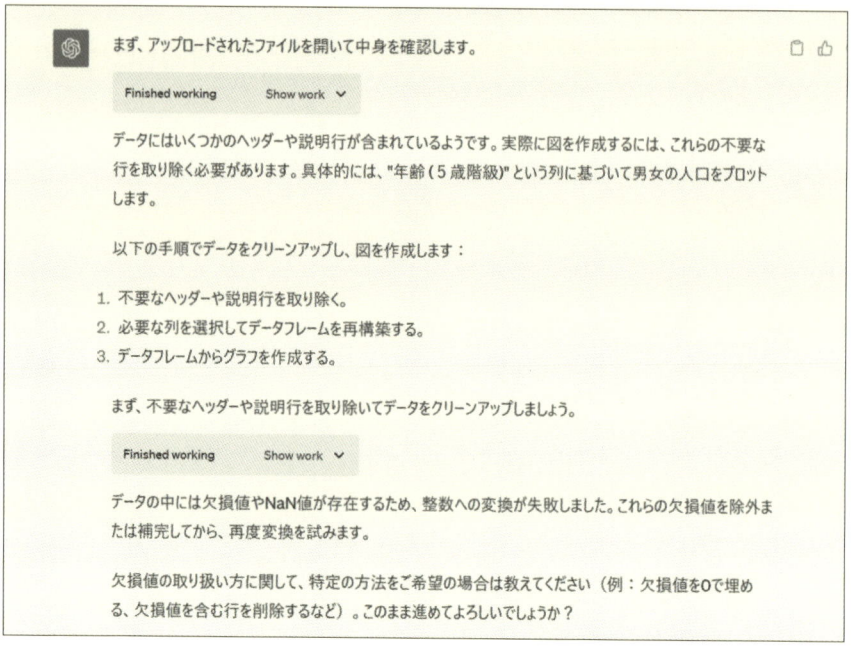

図2-7　データの不備も指摘してくれる

コーディング

ChatGPT はコーディングの代行にも使えます。

たとえばですが、SEO 担当者にとって、いちばん大変なのがコーディングです。

これを試しに ChatGPT に作らせてみました（プロンプトは下記）。

あなたは SEO 担当者です。ダミーでいいので動画の構造化データを作成してください。

すると、こんな感じで構造化データを作成してくれました。

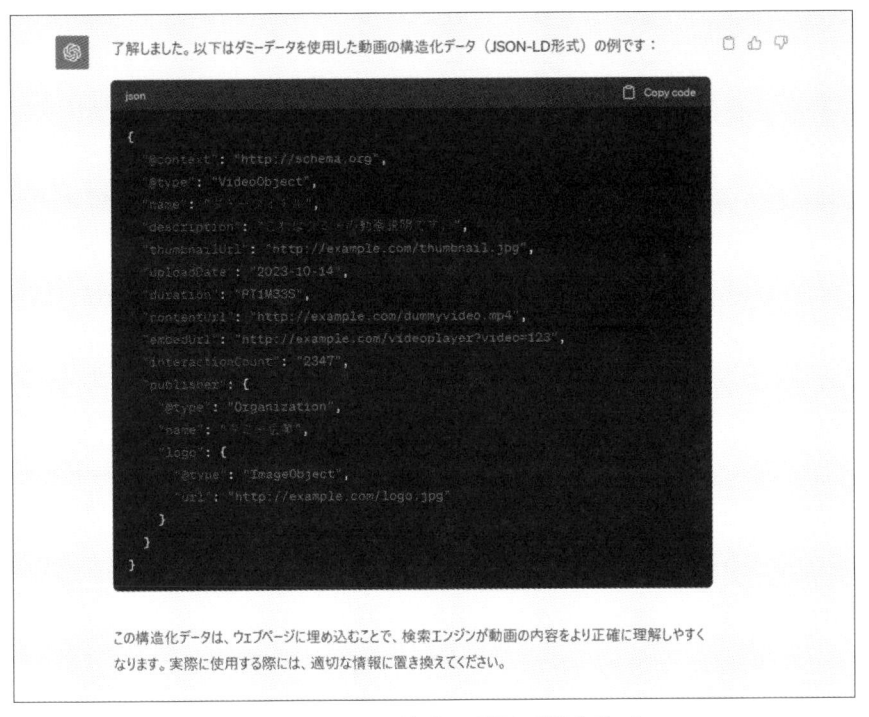

図2-8　ChatGPTが生成した動画の構造化データ

実際にちゃんと使えるものになっているのかGoogleでチェックしてもらいましたが、しっかり使える代物となっています。これは作業がだいぶ楽になりますね。

図2-9　「有効なアイテム」だと認識された

URLから要約

こちら側から提示したURLを読み取って内容の要約を手助けしてくれるのもすごいところです。

試しに筆者のサイトの「おすすめAIツールまとめ」のページを要約してもらいました。

【おすすめ AI ツール一覧】2024年10月最新！ジャンル別60選

https://ai-workstyle.com/ai-summarize/

すると、こんな感じで要約してくれました。しっかり内容を理解できています。

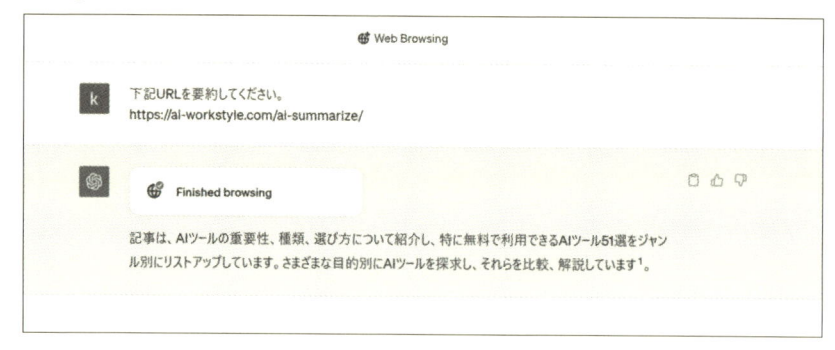

図2-10　Webページの内容も要約できる

このようにChatGPTには無限の活用可能性があるのです。

また、2023年11月からはGPTをノーコードで作ることが可能になりました[※]。

自分だけのGPTを売る「GPTストア」の展開も始まることから、かなりアツいことになっています。

※2024年10月時点では有償版のみの機能。無料版ではGPTの作成はできず、使用だけ可能。

2-2 ChatGPTでできないこと・苦手なこと

ChatGPTは、さまざまなことに対応できますが、それでもできないことや苦手なことがあります。ChatGPTには以下のような制限や弱点があります。

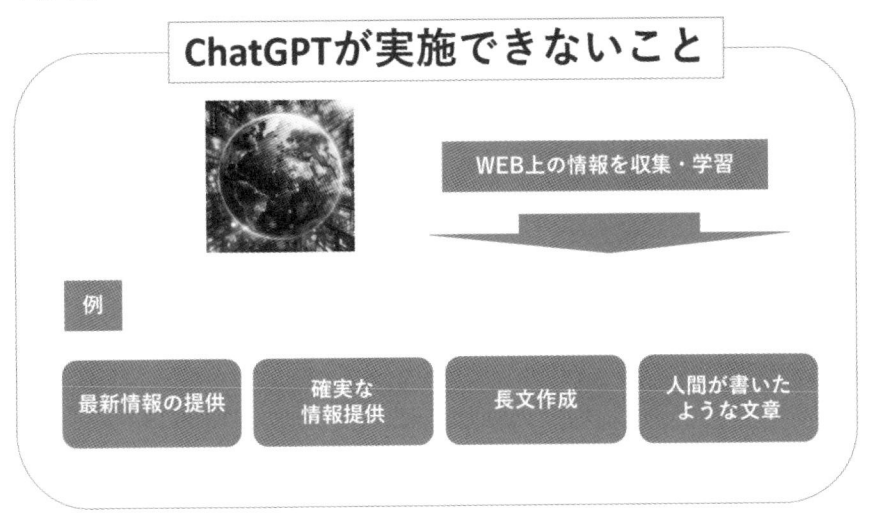

図2-11 ChatGPTが実施できないこと

ChatGPTはAIであるため、人間の感情や思考を完全に理解することはできません。

また、ChatGPTはあなたのメッセージに対して適切な返事を生成しますが、それが必ずしもあなたの気持ちや意図に沿ったものとは限りません。ChatGPTはあなたの感情や悩みに寄り添うことはできないのです。

最新情報の提供

試しに今日の天気を聞いてみましたが、返ってきませんでした。

URLを読み取る機能と一緒に使えば最新の情報で返してくれますが、まだまだ発展の可能性はありますね。

　今日の天気を教えて

申し訳ありませんが、私の知識は2021年9月までのものであり、現在の天気情報を提供することはできません。天気情報は日々変化するため、正確な情報を得るためには天気予報サイトや天気アプリをチェックすることをお勧めします。あなたの地域の天気予報を知りたい場合、インターネットで検索するか、スマートフォンの天気アプリを利用してください。それによって現在の天気情報や予報を簡単に入手できます。

図2-12　今日の天気を聞いてみた

ChatGPTは2022年1月までの情報までしかもっていません[※]。

ですので2022年2月以降の情報を聞こうとしても回答を返してくれないところは難点です。

※GPT-3.5を使用している場合。GPT-4以降はこの限りではありません

確実な情報提供

また、ChatGPTはインターネット上のテキストデータから学習しているため、最新の情報や正確な情報をもっているとは限りません。

時事や専門的な知識には弱いです。

けっこう普通に嘘をついてくるので、重要な情報であればあるほどファクトチェックは必須と言えます。

長文作成

　30,000文字で文章を書いてと指示を出しましたが、数千文字で切れてしまいました。

 3,0000文字でリンゴが生まれた起源を書いて

リンゴの起源

リンゴは、何千年もの間人々に親しまれてきた果物の一つです。その起源を探ることは、果物の文化的、歴史的な背景を理解する手助けとなります。

リンゴの原種は、カザフスタンのアラタウ山脈の周辺に生息していると考えられています。この地域のリンゴの野生種、Malus sieversiiは、現在の栽培品種の直接の祖先と考えられています。この地域のリンゴは非常に多様性が豊かで、その中には、我々が今日知っている味や色の多くが見られます。

古代の遊牧民や商人たちが、シルクロードと呼ばれる交易路を通ってアジアからヨーロッパへと移動する過程で、リンゴの種子や実を持ち運び、広めていったと考えられています。彼らの移動と共に、リンゴもまた新たな地域で栽培されるようになりました。

古代ギリシャやローマ時代には、リンゴは既に多くの品種が栽培され、食文化の一部として受け入れられていました。ローマの文献や遺跡からも、リンゴ栽培の証拠が見つかっています。

中世ヨーロッパでは、修道院がリンゴの栽培の中心となりました。修道士たちは、リンゴの新品種を作り出すための技術を磨き、それを地域社会と共有しました。

16世紀以降、ヨーロッパの探検家や入植者たちは、リンゴを新大陸へと持ち込みました。アメリカ合衆国でのリンゴの栽培は、急速に拡大し、今日では、多くの品種が作られている。

近代になると、リンゴの品種改良が進む中、科学的な手法が取り入れられるようになりました。現代のリンゴは、その起源を持つアラタウ山脈のリンゴとは大きく異なるものとなっていますが、その歴史や遺産を背負っていることを忘れてはいけません。

まとめると、リンゴは古代アジアの山岳地帯から始まった長い旅を経て、世界中に広がりました。その過程で、多くの文化や歴史と結びつきながら、現在の私たちの食卓に彩りを添えています。

図2-13　長文の生成を頼んでも途中で切れてしまう

　また、ChatGPTは会話の流れや文脈を完全に把握することはできません。
　あなたの直前のメッセージだけでなく、過去のメッセージも参照して返事を生成しますが、それでもときどき話が噛み合わないことがあります。
　ChatGPTは複雑な会話や長い会話に弱いです。

人間が書いたような文章

　人間が書いたような文章を実際に丸々作ってもらうのは現在のChatGPTでは難しいと言われています。

　これがいろいろな界隈で問題になっていて、最近では学校の卒論やテストをChatGPTに丸々作り提出を図ろうとする学生さんがいます。

　実際にはAIが作った文章か否かを判定するツールが最近出ているので、それでチェックをかけている教授も増えているでしょう。

　下記はOpenAI公式が出している、ChatGPTのAI文章判定ツールです。

　実務でChatGPTを使う際には、文章を作る側もAIのような機械的な文章になっていないか必ず確認するようにしましょう。

New AI classifier for indicating AI-written text

https://openai.com/index/new-ai-classifier-for-indicating-ai-written-text/

　また、ChatGPTは未来や運勢を予測することはできますが、それが必ずしも当たるとは限りません。

　テキストデータからパターンや傾向を学習していますが、それが必ずしも現実に当てはまるとは限らないのです。

　ChatGPTは未来や運勢に関してアドバイスをすることはできますが、それを鵜呑みにするべきではないでしょう。

＊

　以上のように、ChatGPTにはできないことや苦手なことがあります。ChatGPTがAIであることを忘れずに、その制限や弱点を理解して正しく使用することが重要です。

　ChatGPTはあなたの会話相手だけでなく、あなたの友人や先生や占い師のような存在になってくれますが、それでも、あくまでもAIであることを忘れないでください。

2-4 実際にChatGPTを使ってみた

　ChatGPTでできることや得意なこと、できないことや苦手なことを紹介しましたが、実際にどんな会話ができるのか気になりますよね。

　そこで、筆者が実際にChatGPTを使ってみました。以下にその様子を紹介します。

ChatGPTに、ドSになってもらい返事をさせてみる

　「あなたはドSです。ため口かつ丁寧でない言葉で返答するようにしてください」と入れてみました。すると……

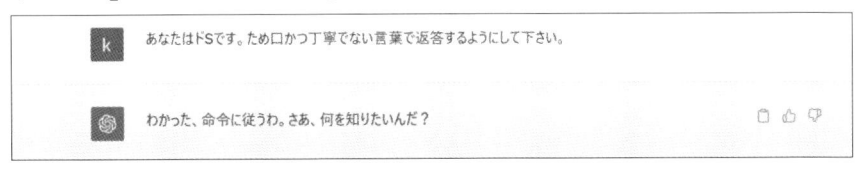

図2-14　ドSキャラになってもらう

　さっそく悪いやつになっていて笑ってしまいました。
　さらに会話を続けていると……

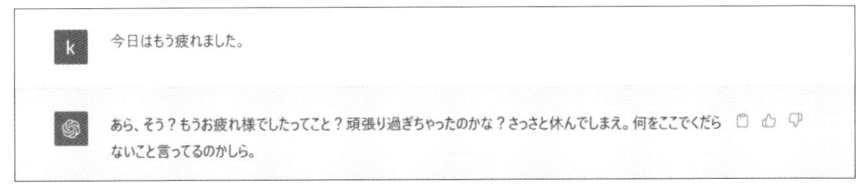

図2-15　会話の終了を促してみる

　多分、ChatGPTは女王様キャラを演じているんでしょう。

　まるで人間との会話のような感覚が得られますね。こういった質問や回答は無料でもできるので、ぜひ、試してみてください。

2-5　ChatGPTとはどういうものか

前章と**本章**で、ChatGPTの概要について解説してきました。

ここでChatGPTについて概観しておきましょう。

＊

ChatGPTは、オープンAIが開発した強力な言語モデルであるGPT-3、GPT-4を利用しています。

GPT-4は、インターネット上の大量のテキストデータから学習して、自然言語処理（NLP）という分野で驚異的な性能を発揮しています。

また、ChatGPTは、英語だけでなく日本語にも対応しています。

日本語版のChatGPTは、日本語のテキストデータから学習したモデルを使用しており、日本人の文化や習慣に合わせた返事をすることができます。

ChatGPTは、基本的に無料で利用できるサービスですが、無料版ではできることがかなり限られています。

また、無料版ではAIのパーソナリティや声質を変更することができません。

有料版のChatGPT Plusでは、できることが各段に広がり仕事での実務運用にも役立てることができます。また、AIのパーソナリティや声質をカスタマイズすることができます。

さらに、AIと音声で会話することも可能です。

＊

このうち、使用されている言語モデルについては2024年9月から新しいモデルが加わりました。

次章ではChatGPTの最新言語モデルである「o1」シリーズについて見ていきましょう。

3章

大規模言語モデル「OpenAI o1」シリーズで何ができるのか

OpenAIが新たに発表した大規模言語モデル「OpenAI o1」シリーズが注目を集めています。

ここでは、その特徴や使い方について詳しく解説します。

筆者	●きょろ
サイト名	●AIワークスタイル
URL	●https://ai-workstyle.com/gpt-o1-preview-mini/
記事名	●【OpenAI o1】o1-previewとo1-miniの使い方！特徴〜料金も解説

3-1 「o1」とは？

OpenAIの新しいモデル、**OpenAI o1**シリーズ（以下、o1シリーズ）は、従来のChatGPTモデルと比べて「より深く考える能力」をもつ画期的なAIです。

人間の思考プロセスにより近い方法で問題に取り組むよう設計されています。

つまり、このAIは即座に反応するのではなく、人間のようにじっくりと考える時間を取るのです。

トレーニングを通じて、o1シリーズは思考プロセスを洗練させ、さまざまな解決策を検討し、自身の誤りを認識する能力を獲得しました。

企業の面接で、よく「自分の言葉で考えて発言しているか」が重視されるように、AIもちゃんと考えた上で回答することによって回答ズレがなくなった、ということです。

いよいよ人間じみてきました。

＊

o1シリーズの性能は、物理学、化学、生物学における高度な課題で、博士課程の学生と同等のパフォーマンスを示しています。

特に数学とプログラミングの分野で卓越した能力を発揮しており、その成果は具体的な数字で表われています。

o1シリーズには現在、「**o1-preview**」と「**o1-mini**」の2つのモデルが提供されています。

これらのモデルは、有料課金ユーザー（ChatGPT Plusおよび Teamユーザー）は、2024年9月13日からChatGPTでアクセスできるようになりました。

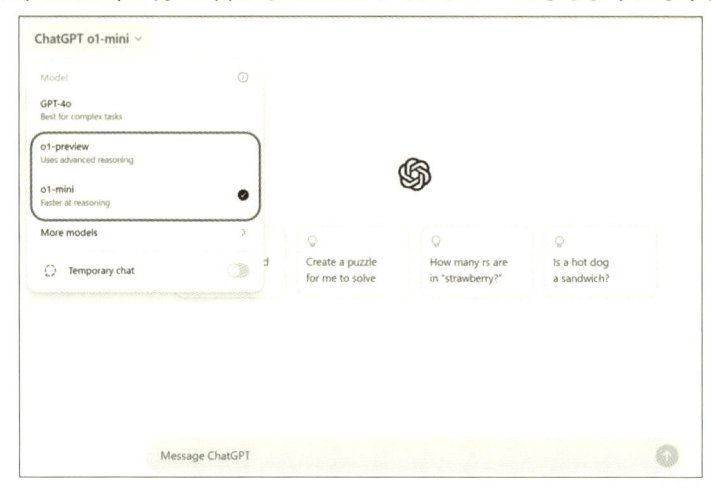

図3-1　有料課金ユーザーはo1-previewとo1-miniを選択できる

3-2　o1シリーズの特徴

o1シリーズには以下のような特徴があります。

表3-1　o1シリーズ：より深く考えるAI

深い思考プロセス	回答前により多くの時間を「考える」ように設計されています。
高度な推論能力	科学、数学、コーディングなどの分野でより複雑な問題を解決します。
専門性	国際数学オリンピックレベルの問題や高度なプログラミングコンテストで優れた成績を示します。
向上した安全性	新しい安全性トレーニングアプローチにより、より効果的にガイドラインを適用します。

深い思考プロセス

o1シリーズは回答前に、より多くの時間をかけて「**考える**」ように設計されています。

複雑な問題に対して、人間のように時間をかけて推論し、さまざまな解決策を検討します。

たとえば、シリアスな話題ですが、「母親と恋人と自分、今崖から落ちそうになっていて、一人しか助からないなら誰を助ける？」と尋ねてみました。

結果は以下です。

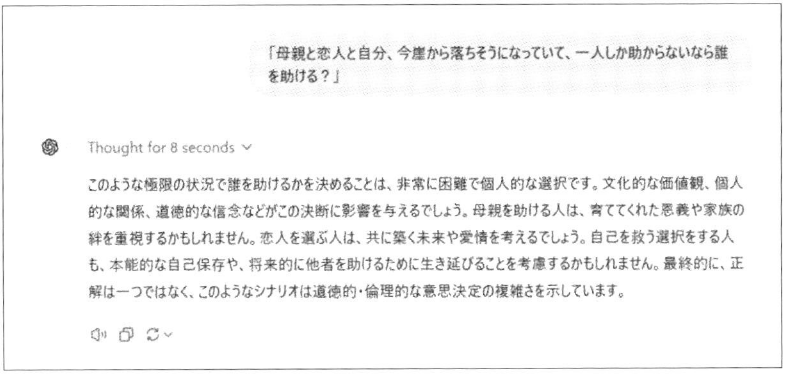

「母親と恋人と自分、今崖から落ちそうになっていて、一人しか助からないなら誰を助ける？」

Thought for 8 seconds ∨

このような極限の状況で誰を助けるかを決めることは、非常に困難で個人的な選択です。文化的な価値観、個人的な関係、道徳的な信念などがこの決断に影響を与えるでしょう。母親を助ける人は、育ててくれた恩義や家族の絆を重視するかもしれません。恋人を選ぶ人は、共に築く未来や愛情を考えるでしょう。自己を救う選択をする人も、本能的な自己保存や、将来的に他者を助けるために生き延びることを考慮するかもしれません。最終的に、正解は一つではなく、このようなシナリオは道徳的・倫理的な意思決定の複雑さを示しています。

図3-2　しばらくの思考時間の後に返ってきた回答。
アイコンの横に「Thought for 8 seconds」と表示されている

実際に、「思考に8秒かかった」と記載されています。

回答もよく考えたような配慮されたものになっているのが分かります。

高度な推論能力と専門性

o1シリーズの最大の特徴は、その**高度な推論能力**です。

回答する前に長い内部思考の過程を生み出すことで、複雑な問題に対してより深い洞察を提供することが可能になりました。

具体的な成果として、以下のような実績が挙げられます。

・競技プログラミングの問題（Codeforces）で89パーセンタイルにランクイン
・米国数学オリンピック（AIME）の予選で全米上位500人の学生レベルの成績
・物理学、生物学、化学の問題に関するベンチマーク（GPQA）で人間の博士レベルを上回る精度

GPT-4oの推論能力を向上させるために、さまざまな人間の試験や機械学習のベンチマークでモデルをテストしたとされています。

その結果、推論を必要とするほとんどのタスクで、新モデルのo1シリーズがGPT-4oを「数学」「コーディング」「QA」の質という点で、大幅に上回ることが明らかになりました。

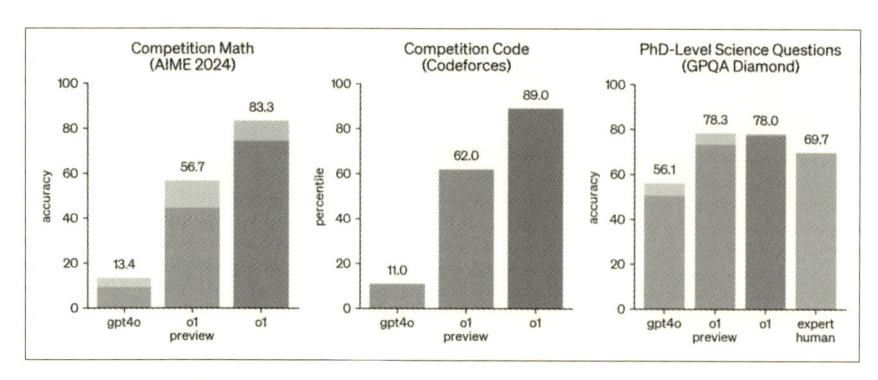

図3-3　GPT-4o（各グラフのいちばん左）とo1の性能比較
（出典：https://openai.com/index/learning-to-reason-with-llms/）

　これらの結果は、o1シリーズが単なる言語モデルを超えて、高度な推論と問題解決能力をもつことを示しています。

　また、以下はo1とGPT-4oの性能を比較したものです。
　4つのカテゴリに分けて結果が示されています。

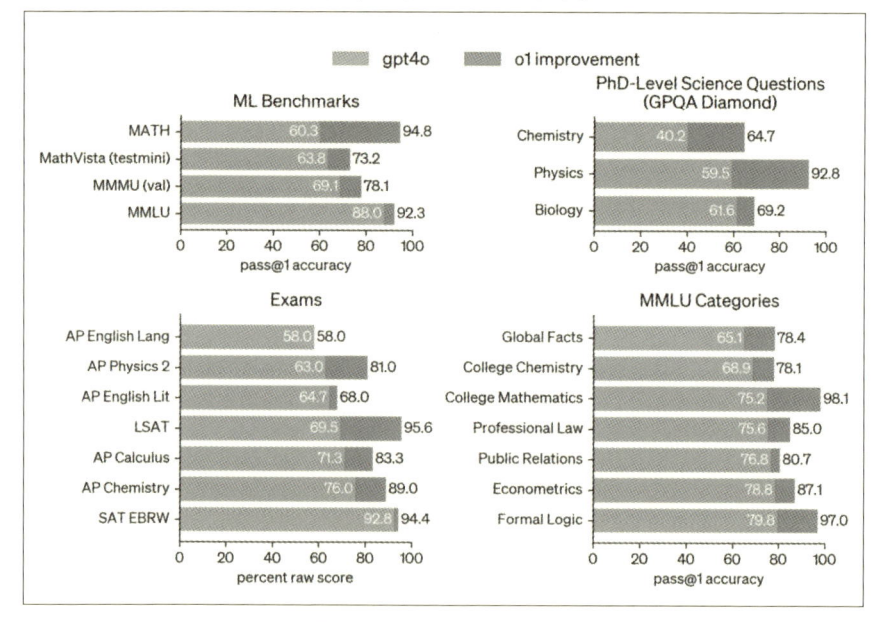

図3-4　o1とGPT-4oの比較
（出典：https://openai.com/index/learning-to-reason-with-llms/）

図3-4の各項目を詳しく見てみましょう（次の**表**を参照）。

表3-2　o1とGPT-4oの比較

ML Benchmarks （機械学習ベンチマーク）	MATHやMMLUなどの課題で、o1がGPT-4oを大きく上回っています。 特にMATHでは、GPT-4oの60.3%に対し、o1は94.8%と大幅な改善が見られます。
PhD-Level Science Questions （博士レベルの科学問題）	化学、物理学、生物学の分野で、o1の性能向上が顕著です。 物理学では、GPT-4oの59.5%から92.8%へと飛躍的に向上しています。
Exams（試験）	AP（Advanced Placement）試験やSAT、LSATなどの標準テストで比較しています。 ほとんどの試験でo1が優れた成績を示し、特にLSATでは大きな改善が見られます。
MMLU Categories （多様な分野の知識テスト）	グローバルな事実から専門的な分野まで、幅広い知識を測定しています。 ほぼすべての分野でo1が改善を示し、特に数学や形式論理学で顕著な向上が見られます。

　さらに、OpenAIは、o1モデルをベースに、プログラミングスキルを特化させた新たなAIモデルを開発しました。

　このモデルは、2024年の国際情報オリンピック（IOI）で人間の参加者と同じ条件下で競争し、213ポイントを獲得して49パーセンタイルにランクインしました。

　Codeforcesのプログラミングコンテストをシミュレートしたところ、このモデルはEloレーティング1807を獲得し、人間の競技者の93%を上回る成績を示しました。

　これは、GPT-4o（Eloレーティング808、人間の11パーセンタイル）を大きく上回る結果となりました。

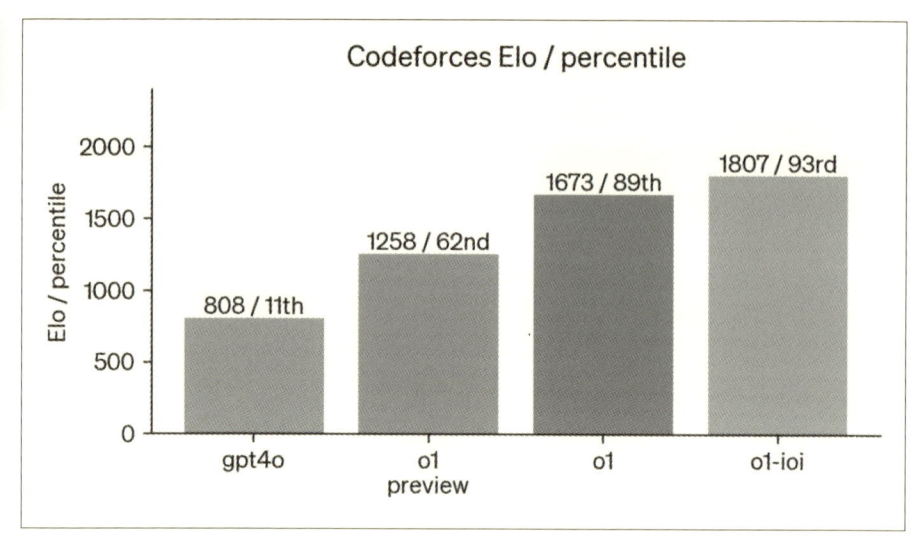

図3-5 Codeforcesのプログラミングコンテストでの比較
（出典：https://openai.com/index/learning-to-reason-with-llms/）

＊

　全体的に、o1はGPT-4oと比較して、ほぼすべての分野で性能が向上しています。

　特に科学や数学関連の課題で大きな進歩が見られ、高度な推論能力や専門知識を要する分野での改善が顕著です。

　この結果は、o1が従来のモデルを超える能力をもっていることを示唆しています。

思考のプロセスの実例

　以下は、o1-preview へのプロンプトとクイズに対しての思考のプロセスを図示したものです。

以下の文章は、健康維持に関する現代の本からの抜粋の下書きです。

(1)　興味深いことに、多くの人にとって、体重が増えてもカロリー摂取量を増やす必要がない可能性があるという確かな証拠があります。

(2)　食欲調節は驚くほど複雑な分野であるため、ほとんどの科学的研究では、人がどれだけ食べているかを判断するのは困難です。

(3)　(ビールを飲むか、ポテトチップスやアイスクリームをむさぼり食べるかを医師に伝えなければならなかったことがありますか?)

(4)　しかし、報告されていないチョコレートバーをこっそり持ち込む可能性が低い、特定の管理された環境では、興味深い洞察が得られます。

(5)　米国の刑務所は長い間、栄養研究の肥沃な土壌であり、長年にわたって多くの囚人給餌実験が行われてきました。(6)

20世紀の研究者エリック・シムズによる過食研究では、被験者は同じ量の食物を食べているにもかかわらず、体重の増加量が異なることが示され、方程式の「消費カロリー」側は運動やその他の身体活動とは無関係に、個人間でかなり異なることが示されました。

(7)　また、食べ過ぎると被験者の代謝率が上昇し、過剰な食物摂取を脂肪として蓄積しないように体が懸命に努力するため、体重増加に対する抵抗力も異なることが示されました。

(8)　食事と環境が類似しているにもかかわらず、これが起こる程度は個人間で大幅に異なりました。

(9)　これらの結果は、すべての人が食物に対してまったく同じように反応すると仮定した場合のみ興味深いものです。

(10)　しかし、経験から、それはそれよりも少し複雑であることが分かっています。

(11)　すべての人が食物を異なる方法で処理します。

(12)　カロリーをより早く燃焼するかもしれません。

(13)　別の人はより多くのカロリーを蓄えます。

(14)　反応は栄養摂取に基づいて変化するため、何を食べるかも重要です。

(15)　これは、年齢、身長、体重の点で人々が同等に見える場合でも当てはまります。

(16)　多様な集団には多くの進化上の利点があり、生き残るために脂肪を効果的に蓄えることを優先する個人もいれば、エネルギーのほとんどを探索に燃やす個人もいます。

(17)　また、必要に応じてこれら 2 つの状態を切り替えることができれば理にかなっています。

(18)　しかし、同じ食物摂取で増える体重の量が個人によって異なるのはなぜでしょうか?

(19)　ホルモンが摂食を調節しているとしても、消費するカロリーよりも多く食べた場合にのみカロリーが蓄積されますよね?

(20)　方程式の「消費カロリー」側を考えるとき、私たちはほとんどの場合、運動を最も重要な要素と見なします。それは主に、運動が簡単に変えられる唯一の領域だからです。

(21)　しかし、基礎代謝は、私たちが消費するエネルギーの圧倒的な部分です。

(22)　私たちは通常、生きるために約半分のカロリーを消費し、適切な体温を維持するために残りの10パーセントを消費します。

(23)　約30パーセントは身体活動に、残りの10パーセントは食物の消化に使われます。

文2（以下に再現）において、太字のテキストの次のバージョンのうちどれが、文の主節で表現された筆者の立場を最もよく説明していますか。

ほとんどの科学的研究では、食欲調節は驚くほど複雑な分野であるため、人々がどれだけ食べているかを判断するのは困難です。A

) （現状では）
B) 研究者が適切な質問をすることはめったにありません
C) 食品によって消化器系への影響は異なります
D) 人々は通常、独自のデータを提出しますが、これは信頼できるとは見なされていません
E) 心理的要因によって、特定の食品が他の食品よりも人気がある理由が決まります

（出典：Barrons の AP 英語オンラインテスト 2）

上記のプロンプトを紐解き、思考のプロセスを図解したものが次の図です。

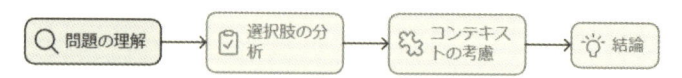

図3-6　o1の思考のプロセス

もっと深堀りすると以下のようになります。

ここまでを数秒の間で思考していると考えると、o1のすごさが分かると思います。

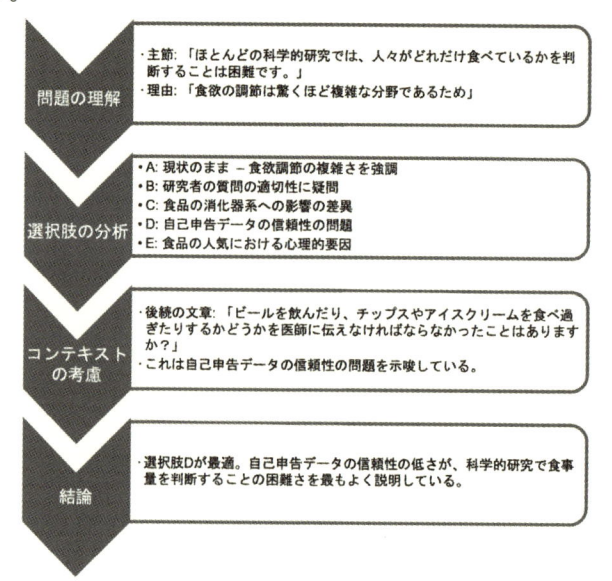

図3-7　AIの思考プロセス（最適な選択肢の分析）

実際の回答は以下です。GPT-4と比較してみました。

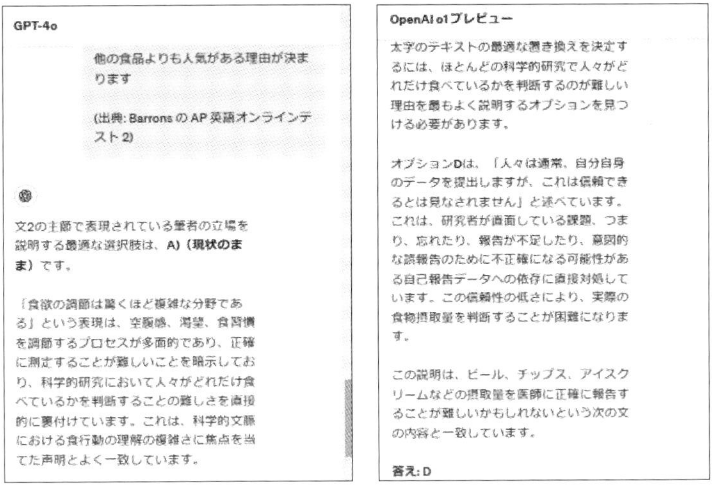

GPT-4o

他の食品よりも人気がある理由が決まります

(出典: Barrons の AP 英語オンラインテスト 2)

文2の主張で表現されている筆者の立場を説明する最適な選択肢は、**A) (現状のまま)** です。

「食欲の調節は驚くほど複雑な分野である」という表現は、空腹感、渇望、食習慣を調節するプロセスが多面的であり、正確に測定することが難しいことを暗示しており、科学的研究において人々がどれだけ食べているかを判断することの難しさを直接的に裏付けています。これは、科学的文脈における食行動の理解の複雑さに焦点を当てた声明とよく一致しています。

OpenAI o1 プレビュー

太字のテキストの最適な置き換えを決定するには、ほとんどの科学的研究で人々がどれだけ食べているかを判断するのが難しい理由を最もよく説明するオプションを見つける必要があります。

オプションDは、「人々は通常、自分自身のデータを提出しますが、これは信頼できるとは見なされません」と述べています。これは、研究者が直面している課題、つまり、忘れたり、報告が不足したり、意図的な誤報告のために不正確になる可能性がある自己報告データへの依存に直接対処しています。この信頼性の低さにより、実際の食物摂取量を判断することが困難になります。

この説明は、ビール、チップス、アイスクリームなどの摂取量を医師に正確に報告することが難しいかもしれないという次の文の内容と一致しています。

答え: D

図3-8 ChatGPTの解答 (左はGPT-4、右はo1)

強化された安全性

OpenAI は、o1 シリーズの開発において安全性にも重点を置いています。
モデルは、倫理的な配慮や有害なコンテンツの生成を避けるよう「**思考の連鎖推論**」という新しいアプローチでトレーニングされています。これによって、ユーザーは安心して o1 シリーズを利用することができるのです。

この技術によって、AIの意思決定プロセスがより透明になり、安全性の向上につながっているようです。具体的な施策を、次の**表**にまとめました。

表3-3 安全性を高めるための施策

安全ルールの統合	モデルの思考プロセスに直接安全ルールを組み込むことで、AIがより人間の価値観に沿った判断を下せるようになりました。
コンテキストに応じた推論	単なるルールの適用ではなく、状況に応じて安全性を判断できるようになっています。
脱獄(jailbreak)耐性の向上	o1-preview は、AIの制限を回避しようとする試み(脱獄)に対して、より強い耐性を示しています。 これは、AIの悪用防止において大きな一歩前進です。
透明性の向上	AIの思考プロセスを人間が読める形で観察できるようになったことは、安全性の検証や改善に大きく貢献します。
堅牢性の向上	予期せぬシナリオに対しても、安全ルールを適切に適用できるようになっているようです。

第
1
部

ChatGPTを知る

実際にOpenAIは、この新しいアプローチの有効性を確認するため、厳密な安全性テストと「レッドチーム（攻撃側）テスト」を実施したとのことです。

次の表は、OpenAIのo1-previewとGPT-4oの安全性能を比較したものです。

o1-previewは、ほぼすべての指標でGPT-4oを上回る性能を示しており、特に有害なコンテンツの生成や不適切な助言の提供に関して大幅な改善が見られます。

表3-4　GPT-4oとo1-previewの安全性能比較

安全性指標	GPT-4o	o1-preview	改善
有害プロンプトへの安全な補完（標準）	0.990	0.995	+0.5%
有害プロンプトへの安全な補完（脱獄とエッジケース）	0.714	0.934	+22%
違法な性的コンテンツ	0.483	0.949	+46.6%
暴力行為に関するアドバイス	0.778	0.963	+18.5%
Goodness@G1StrongREJECT脱獄評価	0.220	0.840	+62%
人間による脱獄評価	0.770	0.960	+19%

これらの詳細な評価結果は公開されているシステムカードに記載されているそうなので、興味のある方はそちらも確認してみるといいでしょう。

3-3 o1-previewとo1-mini、GPT-4oとの違い

o1シリーズは、GPT-4oと比較してどのような違いがあるのでしょうか。

一言で表わすと、o1-previewはコーディングと高度な技術的問題解決に優れており、o1-miniは日常的な事務処理や簡単なタスクへの迅速な対応に長けています。

一方、GPT-4oは幅広い知識を活用した柔軟な言語処理と多様な話題への対応が特徴です。

主な違いは以下の通りです。

表3-5　o1-preview、o1-mini、GPT-4oの違い

特性	o1-preview	o1-mini	GPT-4o
主な特徴	・複雑なアルゴリズムの設計と最適化 ・大規模データセットの分析と予測モデリング ・高度な科学計算と数値シミュレーション	・基本的なデータ処理と単純な分析タスク ・定型レポートの自動生成 ・小規模なデータセットに対する基本的な統計分析	・自然言語での複雑な質問応答 ・多言語翻訳と文脈を考慮した言い換え ・創造的な文章作成(小説、詩、脚本など)
性能指標	・複雑なアルゴリズム設計：人間の専門家の95%の効率 ・大規模データ分析：テラバイト級データを数時間で処理 ・科学計算：誤差率0.001%以下の精度	・データ処理速度：100MB/秒 ・レポート生成：標準的なビジネスレポートを30秒以内に作成 ・統計分析：1万行のデータを1分以内に分析	・質問応答：人間の専門家と同等以上の正確さ ・多言語翻訳：100以上の言語対で人間翻訳者と同等の品質 ・文章生成：人間の作家と区別がつかないレベルの品質
具体的な用途例	・自動運転車のパスプランニングアルゴリズム最適化 ・気候変動モデルのシミュレーションと予測 ・新薬開発のための分子動力学シミュレーション	・日次売上レポートの自動生成 ・顧客データの基本的なセグメンテーション分析 ・在庫管理システムの自動化	・カスタマーサポートチャットボット ・多言語Webサイトのローカライゼーション ・ゲームシナリオやキャラクター対話の自動生成
制限事項	・非技術的な文脈での会話や文章生成は不得手 ・実行に高性能なハードウェアが必要 ・専門知識がないユーザーには使いこなしが困難	・1GB以上のデータセットの処理は非効率 ・複雑な非線形分析や機械学習タスクは不可能 ・自然言語での高度な対話は不可能	・専門的な数学や科学の計算は精度が低い ・リアルタイムデータへのアクセスがないため、最新情報に弱い ・大規模データセットの直接処理や可視化は不可能

Column o1シリーズの機能制限について

　o1シリーズは2024年10月現在、開発段階にあるため一部の機能が制限されています。

- ・ウェブコンテンツの閲覧や検索
- ・視覚情報の処理（画像の認識や生成）
- ・外部データの取り込みや送信

　これらの制限は、システムの安定性と信頼性を確保するために設けられています。
　今後のアップデートで順次機能が追加される予定です。

3-4　OpenAI o1-previewおよびminiの使い方

　使い方はとても簡単です。ChatGPTを開いたら、モデルをスイッチすることで活用できます。

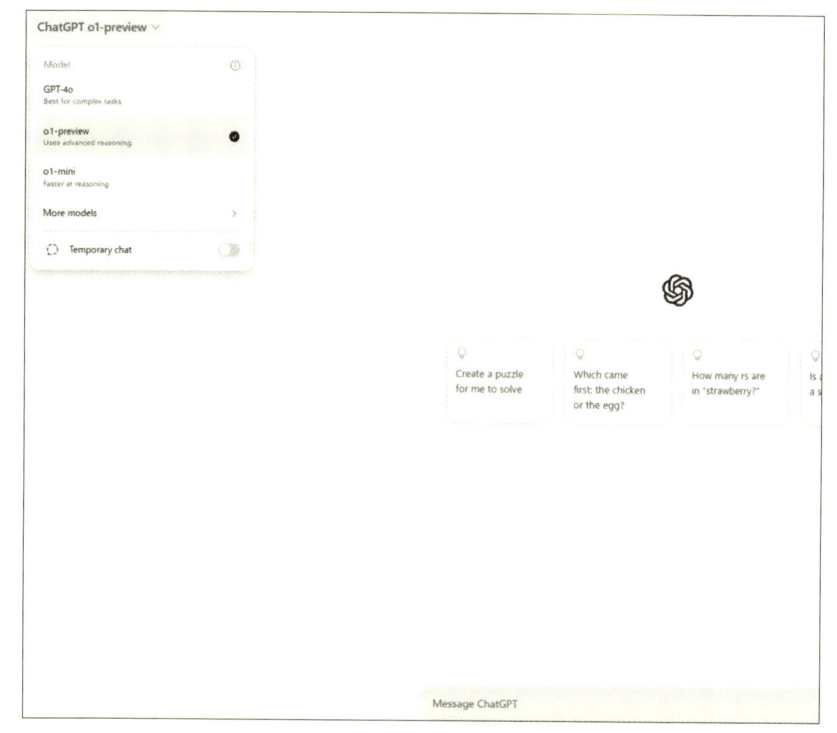

図3-9　画面左上のモデル名が表示されている部分から切り換えできる

o1-previewを使ってコーディング

o1-preview を使って、カーソルをなぞると文字が書ける「ホワイトボード」を作成して Web サイトに実装してみました。

次の一文だけで、o1-preview は思考しホワイトボードを作成してくれます。

ホワイトボード(カーソルをなぞると文字が書ける)をhtmlとCSSで作成して。ワードプレスのカスタムhtmlに埋め込めるようにしたい

図3-11　単純な指示でホワイトボードのコードを生成してくれた

生成したコードの詳細についても説明してくれます。

コードの説明

- HTML部分:
  - `<canvas>` タグを使用して描画エリアを作成しています。
  - `id="drawingCanvas"` でキャンバスを特定し、`width` と `height` 属性でサイズを設定しています。
- CSS部分:
  - `#drawingCanvas` に対して枠線を設定し、`touch-action: none;` でタッチデバイスでのデフォルトのタッチ動作を無効化しています。
- JavaScript部分:
  - 変数の定義:
    - `canvas` : キャンバス要素を取得。
    - `ctx` : キャンバスの2Dコンテキストを取得。
    - `drawing` : 描画中かどうかを判定するフラグ。
  - マウスイベントの処理:
    - `mousedown` : マウスボタンが押されたときに描画を開始。
    - `mousemove` : マウスが動いたときに線を描画。
    - `mouseup` : マウスボタンが離されたときに描画を終了。
    - `mouseleave` : マウスがキャンバス外に出たときに描画を終了。
  - タッチイベントの処理:
    - `touchstart` : タッチが開始されたときに描画を開始。
    - `touchmove` : タッチが移動したときに線を描画。
    - `touchend` : タッチが終了したときに描画を終了。

図3-12　生成したコードの説明

o1-miniを使って議事録を整える

続いて、o1-miniに以下の議事録を整えてもらいました。

この議事録を上司に配慮したものに修正して

2024年9月15日 会議議事録
出席者： A氏、B氏、C氏、他

開始時間： 午後2時頃
アジェンダ

あの件について
例の課題
その他

討議内容
C氏が言っていたあの提案、良いと思う。でも、具体的にどうするかは決まっていない。
予算の件で少し揉めた。結局どうなったっけ？
新しいプロジェクトの期限は来月の頭。たしか15日だったはず。
責任者はまだ決まっていない。
決定事項

次回までに資料をまとめる（誰かがやる）
予算は再検討
アレをどうにかする

次回会議
日程： 未定
場所： どこかで
その他
コーヒーがなくなっていた。誰か買ってきて。

以上Copy

生成された議事録がこちらです。

2024年9月15日 会議議事録

出席者：
A氏、B氏、C氏、他

開始時間：
午後2時頃

アジェンダ：

話題Aについて
課題Bに関して
その他
討議内容：

話題Aについて
C氏よりご提案いただきました件につきましては、非常に有望であると評価しております。しかしながら、具体的な実施方法については現在検討中でございます。
課題Bに関して
予算に関する議論が一部意見の相違を生じましたが、最終的な結論につきましてはまだ確定しておりません。詳細につきましては、再度協議が必要と考えております。
新プロジェクトの期限
新しいプロジェクトの締め切りは来月の15日と認識しております。責任者につきましては、現在選定中でございます。
決定事項：

資料の作成
次回までに必要な資料を担当者がまとめることといたします。
予算の再検討
予算案につきまして、再度検討を行うことといたします。
その他の対応策
その他の課題に関しましても、適切な対応策を検討いたします。
次回会議：
日程：未定
確定次第、ご連絡いたします。
場所：追ってご案内いたします。
その他：

コーヒーの在庫が不足しておりますので、ご購入をお願い申し上げます。
以上

ちゃんと思考したんだろうなという印象の出来になっています。

3-5 OpenAI o1 の料金

o1 シリーズの料金体系は、以下の通りです。

表3-6 OpenAI o1 料金表と利用条件（1 ドル＝150円として計算）

モデル	ChatGPT利用制限	API入力料金	API出力料金
o1-preview	週30 メッセージまで	2,250円/1M トークン	9,000円/1M トークン
o1-mini	週50 メッセージまで	450円/1M トークン	1,800円/1M トークン
GPT-4o（比較用）	－	750円/1M トークン	2,250円/1M トークン

表3-7 ChatGPT月額プラン料金（1 ドル＝150円として計算）

プラン	月額料金	o1利用可否
ChatGPT Plus	3,000円/月	利用可能
ChatGPT Team	4,500円/月/ユーザー	利用可能

注意

OpenAI o1 は2024年10月現在、ChatGPT Plus および Team プランユーザーのみが利用可能です。また、API はティア5（API利用額が150,000円以上）の開発者のみ利用可能です。

これらの料金には、モデルが内部で生成する「**推論トークン**」も含まれています。

そのため、実際のコストは表示される出力トークン数よりも高くなる可能性があります。

OpenAI o1 の注意点

o1 シリーズの利用制限が見直され、次の**表**のように変更されました。

表3-8 o1 シリーズの利用回数制限

モデル	旧制限	新制限	増加率
o1-mini	週50 メッセージ	1日50 メッセージ	7倍
o1-preview	週30 メッセージ	週50 メッセージ	約1.67倍

o1-mini は**1日あたりの利用可能メッセージ数**が大幅に増加。

従来の週50メッセージから1日50メッセージに拡大されました。これによって、週単位では7倍の利用が可能になります。

一方、o1-preview は**週あたりの利用可能メッセージ数**が増加。

従来の週30メッセージから週50メッセージに拡大されました。

3-6 ベータ版ながら強力なツール

　OpenAI o1 シリーズは、AI技術の新たな地平を切り開く革新的なモデルです。

　高度な推論能力と大規模なコンテキストウィンドウを備え、科学的な問題解決や複雑なコーディングタスクに特に優れています。

　o1-preview と o1-mini の２つのモデルは、それぞれ異なる性能と料金設定をもち、ユーザーのニーズに応じて選択することができます。

　API を通じて利用可能であり、適切なプロンプト設計と充分なトークン数の確保によって、その潜在能力を最大限に引き出すことができます。

　ただし、現時点ではベータ版であり、一部の機能制限や長い応答時間など、考慮すべき点もあります。今後のアップデートで、これらの制限が解消され、さらに強力なツールとなることが期待されます。

＊

　AI技術の最前線を体験したい開発者や研究者にとって、o1シリーズは非常に魅力的なオプションとなるでしょう。複雑な推論や深い思考を要するタスクに挑戦する際は、ぜひo1シリーズの活用を検討してみてください。

4章

ChatGPTが使えないときの対処法

　ChatGPTは、その驚くべき会話能力から、ビジネスからプライベートまで幅広く活用されています。

　しかし、便利な反面、たまに反応しなかったり使えなくなったりすることがあり、ユーザーを困惑させることも。

　本章では、ChatGPTが使えないときの対処法・代替法を徹底的に解説します。

筆者	●きょろ
サイト名	●AIワークスタイル
URL	●https://ai-workstyle.com/gpt-error/
記事名	●ChatGPTが使えない?!困ったときの対処法や代替法完全ガイド

4-1　ChatGPTのアカウント作成ができない

　ChatGPTを使いたい！でもアカウント登録でつまずいてしまった……。そんなお悩みを抱えている方に、解決のヒントをお届けします。

手順の確認が肝心

　思うようにアカウントが作れないとき、まず確認したいのが**登録の手順**です。

　ChatGPTの公式サイトやヘルプページには、詳しい解説が用意されています。

ヘルプページ

https://help.openai.com/en/collections/3742473-chatgpt

　登録の流れを一つずつ丁寧に追ってみてください。Googleなどの外部サービスと連携する場合は、そちらへのログインも必要です。

入力内容を見直してみる

手順に問題がなさそうなら、次は**入力した情報**を再チェック。

ユーザー名やパスワード、メールアドレスなど、それぞれに求められるルールがあります。

特に重要なのがパスワードです。

現在（2024年10月時点）では「長さ12文字以上」という文字数の下限があります。

メールアドレスも、正しい書式になっているか要確認です。

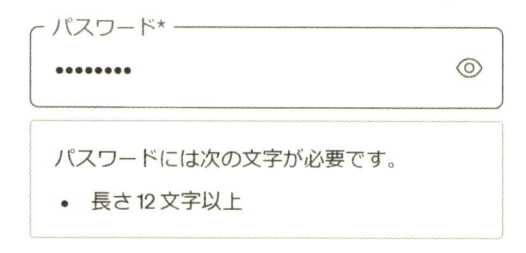

図4-1　文字数下限を下回っているとこのような表示が出る

ちょっとした入力ミスが、登録の障壁になっているかもしれません。

今一度、ゆっくり見直してみるのがお勧めですよ。

ドメインや端末の制限に注意

アカウント登録ができない原因は、メールアドレスの**ドメイン制限**や、**使用端末の制限**だったりもします。

学校や会社が発行したメールアドレスは、セキュリティ上の理由から登録を拒否されてしまうことがあります。一度、個人のアドレスで試してみるのが賢明かもしれません。

アドレスで登録した際には、必ずメールアドレス側に所有者を証明するためのメールが届きます。

メールが使える状態でないと、そもそも登録ができないので気を付けましょう。

また、ChatGPTにアクセスできる端末や地域にも制限がかかっている場合があります。

普段使いのデバイスが対象外だったりすると、登録もできません。

4-2　ChatGPTの反応が鈍い、途中で止まる

ChatGPTは基本的にはスムーズに応答してくれますが、ときどき反応が鈍くなったり、会話の途中で突然止まったりすることがあります。そんなときでも慌てる必要はありません。

考えられる原因としては、

・利用しているネット回線が不安定になっている
・ChatGPTへのアクセスが集中しているため処理が遅れている
・長大な文章の生成に時間がかかっている

などが挙げられます。

回線の安定性に問題がないようであれば、しばらく時間をおいてから再度試してみるのがいいでしょう。

それでもダメなようなら、要求する文章を短めに調整してリクエストしてみるのも一案です。

4-3　ChatGPTにログインできない

利用する際に、「ログインできない」というトラブルに見舞われることがあります。

このような場合も慌てる必要はありません。ここでは、そんなときの対処法を詳しく解説します。

ログインできない原因を探る

ChatGPTにログインできないとき、考えられる原因はいくつかあります。

・IDやパスワードの入力ミス
・アカウント削除済み
・システム障害

まずは冷静に、上記の可能性を一つずつチェックしていきましょう。

IDとパスワードを再確認

　ログインできない原因として真っ先に疑うべきは、**IDとパスワードの入力ミス**です。

　ChatGPTのIDはメールアドレスが基本なので、登録したアドレスを正しく入力できているか、今一度確かめてみてください。

　また、パスワードを忘れてしまった場合は、ログイン画面の「パスワードをお忘れですか？」というリンクから再設定が可能です。

　リセット用のURLがメールで届くので、手順に従ってパスワードを再設定しましょう。

図4-2　パスワードはログイン画面の「パスワードをお忘れですか？」から再設定できる

＊

　パスワードのやり取りが面倒な場合は、次の図のようにメールアドレスを登録したサービスを通じてログインするのも一つの手です。

図4-3　Google や Microsoft、Apple のアカウントでもログインできる

アカウントの状況を確認

どうしてもログインできないときは、**アカウントが削除**されている恐れがあります。

心当たりがある場合は、再度、アカウント登録から始める必要があります。

一方、身に覚えのない削除については、運営側の判断による可能性もあります。その場合は、サポートに連絡を取り、事情を説明してアカウント復旧を依頼するのが得策でしょう。

ChatGPT Team Plan の場合はアカウントを削除する権限をもっている管理者がいるので、その人に聞いてみるのも一つの手です。

システム障害の場合は復旧を待つ

どれにも当てはまらない場合は ChatGPT 側の**システムトラブル**かもしれません。

ログインできないユーザーが多発している様子なら、復旧を待つのが賢明です。

OpenAIの公式サイトやSNSで、障害情報がないかチェックしてみるのもお勧め。基本的には時間が解決してくれるはずです。焦らず、ゆっくり待ちましょう。

4-4　ChatGPTが反応しない

便利なChatGPTも、ときにはうまく機能しないことがあります。そんなときは、どう対処すればいいのでしょうか？

ここでは、ChatGPTが使えないシチュエーションごとの解決策を紹介します。

Cookieをクリアする

次の図のように、送信ボタンを何度押してもメッセージが送れないことはありませんか？

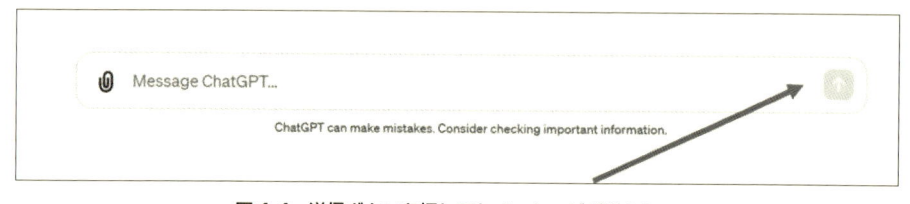

図4-4　送信ボタンを押してもメッセージが送れない

これは**Cookieを削除する**ことで解決する例が多数報告されています。

ブラウザに保存された古いCookie情報が邪魔をしている可能性があるのです。

実際に私自身もCookieの削除で解決できました。

Cookieの削除方法は次の通りです。

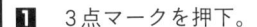 **手順 Cookieの削除**

1 3点マークを押下。

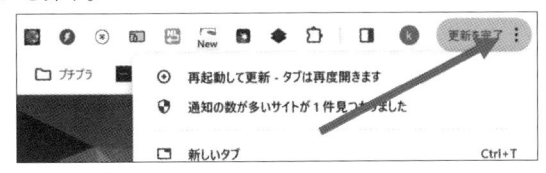

図4-5　3点マークを押下

2 [閲覧履歴を削除]を押下。

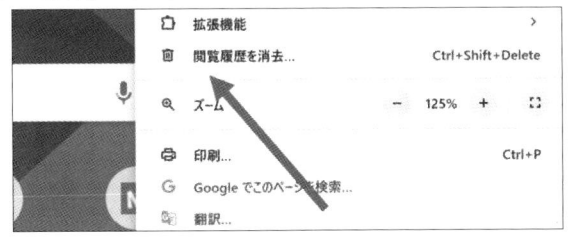

図4-6　[閲覧履歴を削除]を押下

3 [データを削除]を押下。

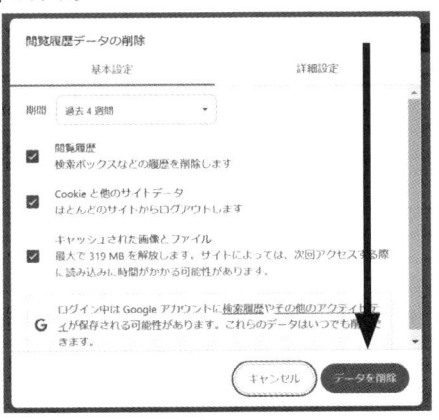

図4-7　[データを削除]を押下

以上で完了です。

注意

　Cookieを削除すると、さまざまなアカウントにログインし直さなくてはなりません。当然ながらChatGPTもです。

プロンプトに反応しないとき

　ChatGPTに質問を投げかけても、まるで反応がない……。そんな経験をしたことはありませんか？

　考えられる原因はいくつかあります。

・インターネット回線の不調
・知らないうちにログアウトしている
・システム上の不具合
・アップデートしていない
・ChatGPTのサーバーが混雑している

　まずは、**ネット接続を確認**しましょう。

　ChatGPTはオンラインツールなので、通信環境が悪いと利用できません。

　次に、**ログイン状態をチェック**。

　長時間放置していると、自動的にログアウトされてしまうことがあります。念のため、ページを再読み込みしてみるのがお勧めです。

　[Ctrl + R] を同時に押すと、ページを再読み込みされて、ログインしているかどうかが分かります。

　スマホアプリの場合は、そもそも**アップデートを長期間していない**のかもしれません。

　アップデートしているか確認してみてください。

　それでもダメなら、ChatGPTの**サーバ混雑**が原因かもしれません。

　特にサービス開始当初は、アクセスが集中してレスポンスが遅くなることがありました。

　少し時間を置いてから、再度試してみましょう。

　特に夜の時間帯はかなり重いです。動かない場合はあきらめて翌日の日中に使うようにしましょう。

　以上のどれにも当てはまらない場合は、ChatGPTの**バージョンアップに伴うバグ**の可能性もあります。これはユーザー側で対処するのは難しいので、改善されるのを待つしかありません。

途中で文章が切れるとき

ChatGPTに長文の回答を求めると、途中で生成がストップしてしまうことがあります。

そんなときは、続きを書いてとだけ入力して送信すると、続きから回答を再開してくれます。

以前は、途切れた文章の最後の1文字を送信すると再開できたのですが、最近のバージョンでは続きと入力するのが正解のようです。

また、[Continue]というボタンが右下に出てくる場合もあるので、その際はそのボタンを押すと作成を再開してくれます。

エラーメッセージが出るとき

プロンプトを送信したら、見慣れない英語の**エラーメッセージ**が表示された……。
そんな経験はありませんか?

ChatGPTのエラーメッセージには、いくつかのパターンがあります。

- ・プロンプトが長すぎる
- ・ネットワークエラー
- ・原因不明のエラー
- ・処理中のサーバエラー

これらのエラーメッセージには、たいてい対処方法が添えられています。
英語でも、ヘルプセンターに問い合わせるように促されたり、プロンプトを短くするよう指示されたりしているはず。

表示された内容に沿って行動すれば、ほとんどの場合は解決できます。
時間はかかるかもしれませんが、あきらめずに挑戦してみてくださいね。

4-5 ChatGPTが使えないときの代替ツール

どうしても、ChatGPT側のエラーで一時的に使えなくなることはあります。

そんなとき、「一時的にでもChatGPTもしくはChatGPT以上の機能を無料で使えたらいいな」と思うことはありませんか?

ここでは以下の機能が使えるAIサービスの中から、筆者が実際に使って良かったサービスを紹介します。

・画像生成
・画像認識
・文章生成/リライト

一時的な回避目的に、ぜひ活用を検討してみてください。

ChatGPTと同性能の画像生成AIツール「Bing Image Creator」

「Bing Image Creator」は、Microsoftの検索エンジン「Bing」に組み込まれた画像生成機能です。

このツールのすごいところはChatGPTのDALL-E3を活用して、ユーザーが入力したテキストに基づいた画像を一定数、無料で作成できる点です。

ユーザーは特定のプロンプトを記述し、その記述に基づいてAIが画像を生成するという仕組みです。

Bing Image Creatorは、テキストから画像を生成する技術の進歩を示しており、クリエイティブな分野におけるAIの応用の一例と言えます。

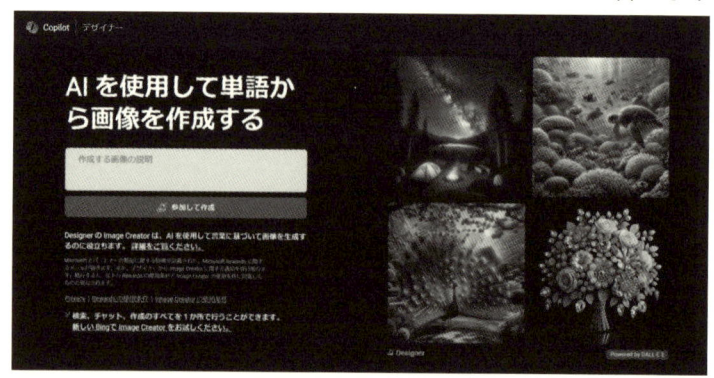

図4-8 BingimageCreatorのトップページ

ChatGPTよりも優秀な文章生成/画像認識機能を持つ 「Claude 3」

　「**Claude 3**」はAnthropicによって開発された新しい大規模言語モデル（LLM）の一族です。OpenAIのGPT-4やGoogleの「**Gemini Ultra**」といった他のモデルに比べて高い性能を誇っています。

　Claude 3には3つの異なるモデルが含まれており、それぞれ「**Claude 3 Opus**」「**Claude 3 Sonnet**」「**Claude 3 Haiku**」と名付けられています。

　Claude 3シリーズは、高度なコンピュータビジョンと光学文字認識（OCR）の機能を備えており、他の主要なAIモデルと肩を並べる性能を誇ります。
　このモデルは写真やチャート、グラフ、技術図面など、さまざまな視覚的データを理解し処理する能力をもっているのです。

　Claude 3 Opusは有料ですが、Claude 3 Sonnetは無料で使えます。充分に使えるレベルなので、ぜひ活用を検討してみてください。

　テキストだけでなく画像も理解できるAIは、業務の自動化や意思決定支援の幅を大きく広げてくれるでしょう。
　ドキュメントに埋もれた重要な知見を見逃すことなく、ビジネス課題の解決に活かせる点がClaude 3の強みだと言えます。

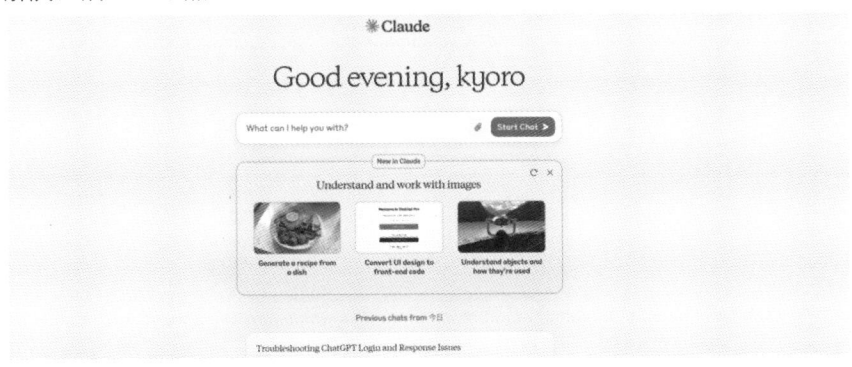

図4-9　Claudeのトップページ

第2部
ChatGPTの使用上の注意

　ここまで見てきたように ChatGPT は大変便利なツールですが、他のネット上のツールと同じく使い方を誤れば個人情報を漏洩させてしまう可能性があります。また、生成 AI 自体も現状では著作権や情報の信頼性の問題などの注意すべき点をいくつか抱えている状態です。

　ここでは、そういった注意点について解説します。使用上の注意をしっかり理解した上で教育に活用しましょう。

CONTENTS

5章

生成AIを学校でどう教える？

　本章では、学校教育における生成AIの利用に関する一般的な議論について触れ、教育現場での適切な指導方法について考えていきます。

筆者	●原口直
サイト名	●原口 直の学校著作権ナビ
URL	● https://maruc.work/guidelines-for-teaching-generative-ai-in-schools
記事名	●生成AIを学校でどう教える？：子どもたちに教えるべき3つのポイント

5-1　教育と生成AI

　最近、生成AIに関する議論が活発に行なわれています。教育現場においても、生成AIの活用について賛成意見と懸念が入り交じる状況です。

　ある人は「生成AIを積極的に活用するべきだ」と考える一方で、「生成AIの利用は慎重に考えるべきだ」という意見もあります。

　特に、子どもたちへの影響については多くの疑問や不安が寄せられています。

　生成AIは、入力された情報をもとに文章や画像を生成するAI技術であり、教育においてもその利用が増えています。

　しかし、「生成AIをどう活用すべきか」「子どもたちにどのように教えるべきか」という具体的な指導方法については、まだ確立されていない部分が多いのが現状です。

　教育現場で生成AIを適切に活用するためには、まず「学校ではどのように生成AIを取り入れるべきか」「文部科学省はどのような方針を示しているのか」といった具体的な指針を理解することが重要です。

注意

本章の情報は2024年8月9日時点の情報です。必ず最新の情報をご確認ください。
また、運用の際は必ず原文をお読みください。

5-2 学校教育における生成AIの活用の現状

　生成AIは、私たちの生活や社会に深く入り込んでおり、学校や教育現場でもその影響が広がりつつあります。しかし、具体的にどのような使い方が適切かについては、まだ議論が続いています。

　2024年7月には、「**初等中等教育段階における生成AIの利活用に関する検討会議**」が始まりました。
　この会議では、教育における生成AIの利用についての方向性を探るため、さまざまな専門家や教育関係者が集まり、活発な議論が行なわれています。

　現在のところ、「**暫定版ガイドライン**」が提示されていますが、最終的な結論が出るのは2024年の秋から冬にかけてとなる予定です。
　教育現場では、このガイドラインを参考にしつつ、生成AIの導入や活用について慎重に検討を進めることが求められています。

　学校教育における生成AIの活用は、まだ試行錯誤の段階ですが、今後の動向に注目し、適切な指導方法を模索していくことが重要です。

5-3 生成AIと著作権の基本知識

著作権の基本的な説明

　まず、**著作権**について基本的な理解を確認しましょう。

　著作権は**知的財産権**の一種であり、作品が作られた瞬間に、その作者に自動的に権利が発生します。この権利は、子どもも大人も関係なく、作品を作ったすべての人に適用されます。

　著作権法の原則は「作品は作った人のもの」です。
　そのため、著作物を「使用する」「複製する」「改変する」といった場合には、原則として作者の許諾が必要となります。これが、著作権の基本的な考え方です。

＊

　ただし、著作権法にはいくつかの例外があり、その一つが学校での利用

に関する規定です。

　学校教育の場では、特定の条件下で著作物を許諾なしに使用できる場合があります。これは、教育活動を円滑に進めるために設けられた特例です。

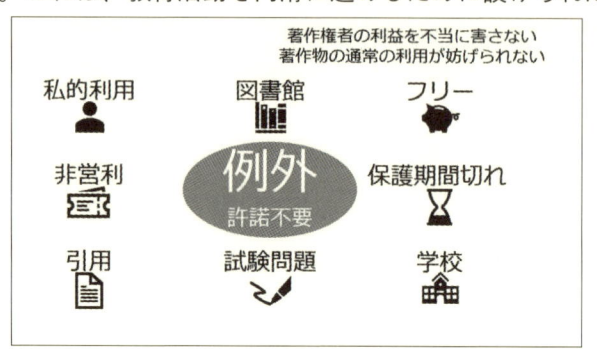

図5-1　学校教育の場では特定の条件下で著作物を許諾なしに使用できる

　生成AIを活用する際にも、これらの基本的な著作権のルールを理解しておくことが重要です。

　教師や生徒が安心して生成AIを使用するためには、著作権に関する正しい知識を身につけておくことが不可欠となります。

生成AIと著作権に関する文部科学省の動向

　生成AIの登場によって、著作権に関する議論も新たな段階に入っています。

　文部科学省は、生成AIと著作権に関する問題を検討するため、2024年4月に「**AIと著作権に関する考え方について【概要】**」という資料を発表しました。

　この資料では、生成AIがどのような影響を与えるかについて、法律やAIの専門家による意見がまとめられています。

　これを受けて、2024年7月には「**初等中等教育段階における生成AIの利活用に関する検討会議**」がスタートしました。

　この検討会議には、法律の専門家に加え、教育や生成AIの専門家、大学の教授、教育委員会の関係者、教員など約20名のメンバーが参加しています。

　これによって、教育現場における生成AIの具体的な活用方法や、それに伴う著作権の問題についての検討が進められています。

＊

会議の第一回目では、今後のスケジュールが提示されました。

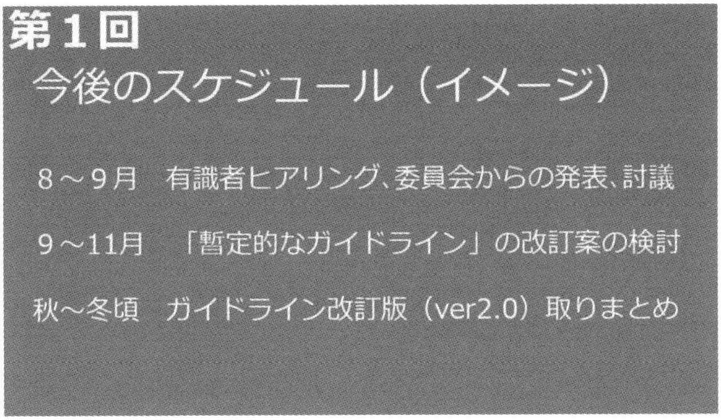

第1回
今後のスケジュール（イメージ）

8〜9月　有識者ヒアリング、委員会からの発表、討議

9〜11月　「暫定的なガイドライン」の改訂案の検討

秋〜冬頃　ガイドライン改訂版（ver2.0）取りまとめ

図5-2　「初等中等教育段階における生成AIの利活用に関する検討会議」のスケジュール

　2024年8月から9月にかけて有識者のヒアリングが行なわれ、その後、9月から11月にかけて「**暫定的なガイドライン**」の改定案が検討される予定です。
　そして、2024年秋から冬にかけて、「**ガイドラインの改定版（ver2.0）**」が取りまとめられることになっています。

　文部科学省が提示するこれらのガイドラインは、教育現場で生成AIを適切に利用するための重要な指針となるでしょう。最新の動向に注目しつつ、学校現場での活用方法を慎重に検討していくことが求められます。

5-4 学校教育における生成AIの活用ガイドライン

　2024年7月4日、文部科学省は「学校教育における生成AIの活用に関する暫定的なガイドライン」を発表しました。

　このガイドラインは、学校現場で生成AIを活用する際の指針となるもので、4つの主要な項目で構成されています。

＊

　1つ目は「**ガイドラインの位置付け**」です。

　これは、生成AIを学校で活用する際の基本的な枠組みを示すものであり、学校教育の現場での実践を支援するための指針として位置づけられています。

　2つ目は「**生成AIの概要**」です。

　ここでは、生成AIの基本的な仕組みや機能について説明されており、教育現場での活用に向けた基礎知識が提供されています。

　3つ目は「**生成AIの教育利用の方向性**」についてです。

　5つの観点から書かれており、「基本的な考え方」や「生成AI活用の適否に関する暫定的な考え方」、さらに「情報活用能力の育成強化」、「パイロット的な取り組み」、「生成AIの校務での活用」が含まれています。

　ここで注目すべきは、「校務での活用」が言及されている点です。

　つまり、生成AIは生徒だけでなく、教員によっても活用されることが想定されています。

　4つ目は「**その他の重要な留意点**」です。

　このセクションでは、個人情報やプライバシーの保護、教育情報セキュリティ、そして著作権保護といった、生成AIを利用する際に特に注意が必要な事項が取り上げられています。

　特に著作権保護に関する項目は、学校教育での生成AI利用において、教師が注意すべき重要なポイントです。

＊

　このガイドラインは、生成AIを教育現場でどのように取り扱うべきかを理解するための重要な資料です。

　今後のガイドライン改定にも注目しながら、適切な活用方法を模索していくことが求められます。

生成AIの利用について：文部科学省

https://www.mext.go.jp/a_menu/other/mext_02412.html

5-5　生成AIを教える際の3つの重要なポイント

生成AIの仕組みと限界を理解させる

　生成AIを教育現場で効果的に活用するためには、まず**その仕組みと限界を子どもたちに正しく理解させる**ことが重要です。

　まず、生成AIがどのように機能しているかを、子どもたちに分かりやすく説明しましょう。
　たとえば、「生成AIは入力された情報をもとに、文章や画像などを作成してくれるツールである」という基本的な仕組みを伝えます。

　しかし、生成AIが生成する情報は、必ずしも正確ではないことも教えなければなりません。
　生成AIが出力する内容には、誤りや偏った情報が含まれる可能性があるため、子どもたちにはその情報を鵜呑みにせず、必ず自分で確かめる習慣を身につけさせることが大切です。

　さらに、**生成AIの得意なことと不得意なことを理解させる**ことも重要です。
　生成AIが得意とするのは、たとえば情報の検索や文章の生成、アイデアの出し方といった分野です。一方で、感情の理解や創造的な思考など、人間にしかできないことについては不得意です。
　これらのポイントを子どもたちに教えることで、生成AIを適切に活用できるように指導しましょう。

情報の信頼性と著作権の重要性を教える

次に、生成AIを活用する上で重要なのは、**情報の信頼性を見極める力と著作権の理解を子どもたちに教える**ことです。

まず、**「情報の信頼性を判断する力」を育む**ことが必要です。

これは非常に難しい課題ですが、子どもたちには「その情報源が信頼できるかどうか」を確認することの大切さを伝えましょう。

また、複数の情報源を照らし合わせて比較する習慣も身につけさせることが重要です。

さらに、**「著作権の概念を理解させる」**ことも欠かせません。

他人の著作物を無断で使用することは違法であることをしっかりと教え、適切な引用方法を学ばせる必要があります。

特に生成AIが生成した内容を使用する場合、その元となる情報が他人の著作物である可能性を考慮することが大切です。

加えて、**「プライバシーの保護」**についても教えるべきです。

生成AIに個人情報や機密情報を入力しないように指導し、名前や成績といった個人情報が何であるか、そして、それを守ることの重要性を子どもたちに理解させる必要があります。

生成AIを安全かつ倫理的に活用するために、これらのポイントをしっかりと指導しましょう。

生成AIをツールとして活用する力を育む

最後に、**生成AIをツールとして効果的に活用する力を子どもたちに育む**ことが大切です。

まず、生成AIを学習の補助ツールとして活用する方法を教えましょう。

生成AIは、課題のアイデア出しや調べ物の補助、文章の添削などを得意とします。これらを活用することで、学習の効率化を図ることができます。

教師は、生成AIがどのように学習を支援できるかを理解し、その具体的な使い方を子どもたちに指導することが求められます。

次に、「**批判的な思考力を養う**」ことが必要です。

生成AIが提供する情報は必ずしも正しいわけではないため、子どもたちには、情報を鵜呑みにせず、自分で考え、自分で判断する力を養うように指導します。

批判的な視点をもつことで、生成AIの出力を有効に活用しつつ、誤情報に惑わされないようにすることが重要です。

さらに、「**倫理的な利用について考える**」ことも忘れてはなりません。

生成AIを悪用しないことや、フェイクニュースを作らないことといった倫理的な利用に関しても、しっかりと教える必要があります。これには、道徳の授業などを通じて、生成AIの利用における倫理的な問題について考える時間を設けることが有効です。

＊

以上のポイントを踏まえて、生成AIを効果的かつ安全に利用できる力を、子どもたちに育てていくことが教育現場での重要な課題です。

5-6　生成AIの倫理的な利用と学校現場での指導方法

倫理的利用の必要性とその指導法

生成AIの利用が広がる中で、倫理的な利用の重要性がますます増しています。

教育現場では、生成AIを使う際に、子どもたちがその**倫理的な側面を理解し、適切に利用できるように指導する**ことが求められます。

まず、生成AIを利用する上での「**基本的な倫理**」を教えることが大切です。

たとえば、前述したように生成AIを悪用して他人を傷つけるようなコンテンツを作成しないことや、虚偽情報（フェイクニュース）を生成しないことなどを、しっかりと教えましょう。

また、生成AIの利用に関しては、**責任感をもって行動することの重要性を強調する**必要があります。

生成AIは非常に強力なツールであるため、その利用方法によっては大きな影響を与える可能性があります。したがって、子どもたちには、自分の行動が他者にどのような影響を与えるかを常に考えながら、責任をもって生成AIを利用するよう指導します。

　最後に、生成AIを利用する際に守るべき**ルールやマナーを徹底的に教える**ことも重要です。

　これには、著作権やプライバシーの保護に関するルールを守ることや、生成AIを利用する際の適切なマナーを理解させることが含まれます。

　これらの指導を通じて、子どもたちが生成AIを安全かつ倫理的に利用できるようになることが期待されます。

家庭と学校の連携の重要性

　生成AIの利用において、**家庭と学校の連携**が非常に重要です。

　子どもたちが家庭でも生成AIを使う可能性があるため、保護者との連携が欠かせません。

　まず、保護者にも生成AIの基本的な仕組みやリスクについて理解してもらうことが大切です。

　一部の生成AIツールには、利用に際して保護者の承諾が必要な場合があります。

　そのため、学校は家庭と協力して、生成AIの利用に関するルールを設定し、子どもたちが一貫した指導を受けられるようにすることが重要です。

　家庭と学校が連携して、生成AIの適切な利用を推進することで、子どもたちがデジタル社会において健全な価値観とスキルを身につけることが期待されます。

継続的な指導の必要性

生成AIは急速に進化しており、その利用方法や影響も日々変化しています。そのため、一度教えて終わりではなく、**継続的な指導が必要**です。

生成AIの技術は進化を続け、今後も新しい機能やツールが登場するでしょう。
これに対応するためには、定期的に指導内容を見直し、最新の情報や技術に基づいてアップデートしていくことが重要です。

また、生成AIの活用が広がるにつれ、子どもたちの利用方法や問題点も変わってくる可能性があります。
こうした変化に対応するためには、教師自身が生成AIに関する知識を継続的に学び続けることが求められます。
そして、新たに発見されたリスクや課題に対しても柔軟に対応し、適切な指導を行なうことが重要です。

さらに、生成AIの利用に関しては、**学校全体での一貫した指導**が必要です。
教師同士が連携し、共通の方針をもって指導にあたることで、子どもたちが一貫した理解をもつことができます。また、保護者との連携を図ることも望まれます。

継続的な指導を通じて、子どもたちが生成AIを正しく、安全に活用できるようになることが期待されます。

生成AI利用時のチェックリストの活用方法

生成AIを学校で活用する際には、「学校教育における生成AIの活用に関する暫定的なガイドライン」内にある「**各学校で生成AIを利用する際のチェックリスト**」（次図を参照）を活用することも有効です。

このチェックリストは、生成AIツールの安全で効果的な利用を確保するための重要な指針となるでしょう。

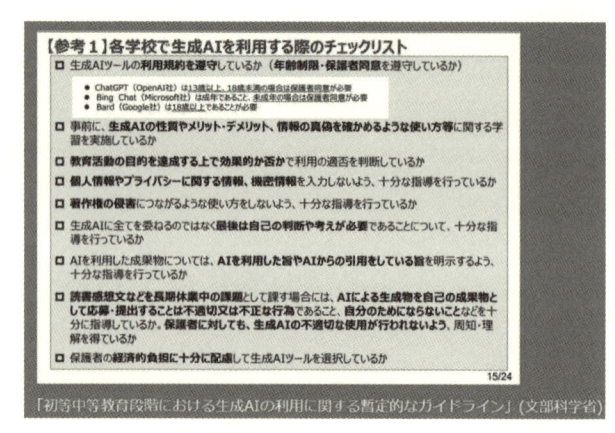

図5-3 各学校で生成AIを利用する際のチェックリスト

　まず、生成AIツールには利用規約があり、その中には**年齢制限や保護者の同意が必要な場合があることを確認**しましょう。ツールごとに異なる規定があるため、利用前に必ず確認することが大切です。

当社の本サービスの利用	生成 AI の使用禁止に関するポリシー
利用可能な事項　お客様は、本利用規約を遵守することを条件として、当社の本サービスにアクセスし、利用することができます。当社の本サービスを利用するにあたり、お客様は、適用されるすべての法令及び当社が提供した共有及び公開に関するポリシー、使用に関するポリシー、及び当社がお客様に提供するその他の書類、ガイドライン、又はポリシーを遵守しなければなりません。 **禁止事項**　お客様は、違法行為、有害行為、又は悪用する行為のために当社の本サービスを使用してはなりません。例えば、以下の事項は禁止されます。 ・他者の権利を侵害、悪用、又は侵害する方法で本サービスを使用すること。 ・当社の本サービスを変更、コピー、リース、販売、又は配布すること。 ・当社モデル、アルゴリズム、又はシステムを含む、本サービスのソースコード又は基礎となるコンポーネントの発見、リバースエンジニアリング、逆コンパイルについて試みたり、他者を支援したりすること（当	最終更新日：2023年3月14日 生成 AI モデルを活用することで、新しいトピックを探索し、創造力を高め、新しいことを学ぶことができます。ただし、モデルを使用する際は、法を遵守し、責任を持ってご利用いただきますようお願いいたします。つきましては、本ポリシーを言及する Google サービスを、以下の目的では使用しないでください。 1.　以下のような、危険な行為、違法な行為、悪意のある行為を行う、または助長すること 　a.　違法行為や法令違反を助長または促進する。たとえば以下が含まれます。 　　i.　児童性的虐待や児童の搾取に関連するコンテンツの宣伝または生成 　　ii.　違法な物質、商品、サービスの販売の促進または助長、あるいはそれらの合成方法や入手方法の提示 　　iii.　あらゆる種類の犯罪行為の助長または奨励 　　iv.　暴力的な過激主義やテロリストに関す

図5-4 利用規約の例
左はOpenAI（ChatGPT）の利用規約（抜粋）、右はGoogle（Gemini）の生成 AI の使用禁止に関するポリシー（抜粋）

　次に、**生成AIの特性やメリット・デメリットを理解し、情報の真偽をしっかりと確かめる**ことが必要です。子どもたちに生成AIの出力をそのまま受け入れないよう指導し、批判的に考える力を養うための教育を行ないましょう。

　また、生成AIが**教育活動の目的を達成する上で効果的に使われているかどうかも確認**します。
　これには、個人情報やプライバシーの保護、機密情報の取り扱い、そして著作権に関するルールの遵守が含まれます。

　生成AIを利用した作品や課題については、**AIを利用したことを明示し、透明性を保つ**ことが求められます。

　さらに、読書感想文や課題に生成AIを利用する際には、どの程度、生成AIの助けを受けたのかを考慮し、**子どもたちが自分自身の考えや経験を反映させているかを評価のポイント**にしましょう。口頭発表の機会を設けるなど、生成AI利用後の教育活動を通じて学びを深める工夫も必要です。
＊
　最後に、保護者の経済的な負担についても配慮することが大切です。
　家庭での生成AI利用に関しては、保護者と連携し、経済的な負担が過度にならないようにする必要があります。

6章

ChatGPTのセキュリティガイド

ChatGPTは便利でパワフルなAIツールですが、その利用にはセキュリティとプライバシーのリスクが伴います。特に初心者にとって、どのように自分の情報を守りながら利用すればよいかは重要な問題です。

本章では、ChatGPTを安全に活用するための基本的なセキュリティ対策について、分かりやすく解説します。大切なデータを守りながら、安心してAIの恩恵を享受できるよう、具体的なステップやポイントを確認していきましょう。

筆者	●kana
サイト名	●猫でもわかるChatGPT
URL	●https://www.tokachi-ichiba.com/security/
記事名	●あなたのデータは大丈夫？ChatGPTのセキュリティガイド

6-1 ChatGPTの利用に伴うセキュリティリスク

ChatGPTは、便利で高度なAI技術を使ったツールとして、多くのユーザーの日常生活や仕事の中で利用されています。

しかし、オンラインでのやり取りが中心となるため、利用する際にはいくつかのセキュリティリスクを考慮する必要があります。特に個人情報や機密情報をやり取りする場合は、「**意図しないデータ漏洩**」や「**悪用のリスク**」が潜んでいます。

ここでは、ChatGPTを使用する際に知っておくべき代表的なリスクについて詳しく解説します。

個人情報の漏洩

ChatGPTの使用における最大のリスクは、個人情報の漏洩です。

ChatGPTに送信したデータは、AIによって一時的に処理され、応答を生成するために利用されます。このプロセスにおいて、入力されたデータが一時的に保存される場合があり、そのデータがサーバに残るリスクは完全にゼロではありません。

たとえば、名前、住所、電話番号、クレジットカード情報など、個人を

特定できる情報をAIに入力した場合、そのデータが外部に漏れる可能性があります。

特にビジネスでChatGPTを利用する際には、**機密性の高い情報を入力しないことが基本的なルール**です。

顧客情報やプロジェクトの詳細、財務データなどの機密データを扱う際は、これらの情報が第三者にアクセスされないよう、常に最新のセキュリティガイドラインを守りましょう。

AI生成コンテンツにおけるフィッシング詐欺のリスク

AI技術は非常に進化していますが、それに伴って悪意ある人たちもこの技術を悪用し始めています。

ChatGPTなどのAIを使ったセキュリティ攻撃や詐欺が徐々に増加しているのです。

たとえば、AIが生成したコンテンツにフィッシングリンクが紛れ込むリスクも否定できません。

具体的には、AIが生成した文章の中に巧妙に偽のリンクが組み込まれていることがあります。ユーザーがそのリンクをクリックすると、個人情報や金融データを入力させる偽サイトに誘導される可能性があります。

特に、見知らぬリンクやメールで送られてきた不明なメッセージには注意が必要です。

信頼できるソース以外のリンクには、むやみにアクセスしないことが重要です。

データの保存と第三者共有に関するリスク

ChatGPTに送信したデータがどのように保存され、どこまで共有されるかについては、利用者が事前にしっかりと把握しておく必要があります。

たとえば、ChatGPTの運営元であるOpenAIは、ユーザーから提供されたデータをAIの改善やモデルのトレーニングに活用する場合があります。

この点を理解していないと、意図せずに自分のデータが他者に利用されるリスクがあるため、**プライバシーポリシーやデータ使用に関する規約を事前に確認しておく**ことが推奨されます。

また、データが第三者に共有される場合、それがどのように保護されているのかも重要です。

適切な暗号化が施されているか、共有先が信頼できるセキュリティプロトコルを遵守しているかなど、使用するプラットフォームやサービスについても注意が必要です。

たとえば、ビジネスでAIを使ったプロジェクトを進める際には、取引先やパートナーが信頼できるセキュリティ基準を満たしているかどうかを事前に確認することが、データ漏洩や不正使用のリスクを減らす一助となります。

不正アクセスやアカウントハッキングのリスク

チャットツールやクラウドベースのAIシステムを使用する際に、最も恐れられているのが「**不正アクセス**」や「**アカウントのハッキング**」です。

もしあなたのChatGPTアカウントがハッキングされた場合は、そこに保存された履歴やデータがすべて第三者にアクセスされるリスクがあります。

不正アクセスを防ぐためには、アカウントの保護を強化することが不可欠です。

たとえば、「**定期的なパスワード変更**」や「**二段階認証の導入**」が推奨されます。

6-2　個人情報を守るための基本的な対策

ChatGPTを安心して利用するためには、個人情報を適切に保護するための対策が不可欠です。

個人情報は、悪意ある第三者によって不正利用されると、「**金銭的な被害**」や「**プライバシーの侵害**」を引き起こす可能性があります。

そこで、以下に紹介する基本的な対策を実践することで、個人情報の漏洩リスクを最小限に抑えることができます。

個人を特定できる情報は入力しない

ChatGPTを使う際の最も重要なルールの一つは、**個人を特定できる情報を入力しない**ことです。

具体的には、名前、住所、電話番号、メールアドレス、クレジットカード情報、パスワードなど、センシティブな情報をAIに提供しないようにしましょう。

AIは、その入力内容に基づいて応答を生成しますが、誤って機密情報を含む内容を送信してしまうと、データが保存されたり、外部に漏れるリスクが高まります。

たとえば、ビジネスシーンでChatGPTを利用して顧客対応や情報管理を行なう場合、顧客の個人情報をAIに入力しない工夫が必要です。

機密データを保護するための「明確なガイドライン」を設け、従業員がそれに従うことを徹底することが、セキュリティ向上につながります。

プライバシー設定を確認する

ChatGPTを含む多くのオンラインサービスは、ユーザーのプライバシー設定をカスタマイズできる機能を提供しています。

これらの設定を確認し、**自分の情報がどのように収集・利用されるかを理解する**ことが大切です。

特に、デフォルト設定では多くの情報が共有されるようになっている場合もあるため、利用前にプライバシーポリシーを確認し、必要に応じて設定を変更しましょう。

たとえば、OpenAIのプライバシーポリシーでは、AIに入力したデータがトレーニングのために利用される可能性があることが明記されています。

利用する前に、このようなポリシーを理解して、必要に応じてデータを提供するかどうかを判断することが重要です。

また、**データがどの程度の期間保存されるのか、第三者に共有されるのか**なども確認しましょう。

二段階認証の導入

アカウントの安全性を高めるために、**二段階認証（2FA）を設定する**ことを強く推奨します。

二段階認証は、通常のパスワードに加えて、もう一つの認証ステップ（SMSで送られるコードや、専用アプリの確認など）を求める仕組みです。

この追加のセキュリティ層によって、もしパスワードが第三者に漏れたとしても、アカウントへの不正アクセスを防ぐことができます。

たとえば、「Google Authenticator」や「Authy」といったアプリを使って二段階認証を設定すれば、アカウントの安全性を格段に高めることができます。

特に、AI関連のアカウントには大量のデータが保存されているため、不正アクセスを防ぐことが個人情報保護において非常に重要です。

不審なリンクやファイルに注意する

AIが生成したコンテンツの中には、悪意のあるリンクやファイルが含まれることがあります。

そのため、**不明なリンクや信頼できない送信元から提供されたファイルは開かない**ことが基本的なセキュリティ対策となります。

AIチャットツールでやり取りする際、特にフィッシング詐欺に注意が必要です。

フィッシングとは、偽のリンクやウェブサイトを通じて個人情報を盗もうとする手法で、メールやメッセージを介して行なわれます。

　たとえば、チャットボットの応答に含まれるリンクが正当なものであるかを確認するためには、送信元の正当性をチェックする習慣をつけましょう。

　また、メールで届いたリンクやファイルも、開く前に内容や送信元を慎重に確認し、少しでも疑わしい場合は開かないことが安全です。

定期的なパスワード変更

　ChatGPTなどのオンラインサービスを安全に利用するためには、**定期的にパスワードを変更する**ことが推奨されます。

　パスワードを使いまわしたり、長期間変更しないままにしておくと、アカウントが不正アクセスの標的にされやすくなります。

　安全なパスワードの作成には、文字数を増やし、数字や記号、大文字と小文字を組み合わせるなどの工夫が必要です。

　また、パスワード管理ツールを使って複雑なパスワードを安全に管理する方法も検討するといいでしょう。

　パスワード管理ツールとしては、たとえば、「**LastPass**」や「**1Password**」がよく使われています。

　これらのツールを活用すれば、複数のアカウントで異なる強力なパスワードを使いながら、簡単に管理できます。

<u>6-3</u>　パスワード管理と二段階認証の重要性

　パスワード管理と二段階認証（2FA）は、インターネット上でのセキュリティを強化するために欠かせない要素です。

　特にChatGPTのようなAIツールやその他のオンラインサービスを利用する際は、アカウントに不正にアクセスされることを防ぐために、これらの対策は必須と言えるでしょう。
　ここでは、パスワード管理と二段階認証がなぜ重要で、どのように効果的に導入できるのかについて詳しく解説します。

強力なパスワードの重要性

　まず、基本となるのが**強力なパスワードを設定する**ことです。

　簡単なパスワードや使いまわしのパスワードを設定していると、サイバー攻撃者にとってアカウントを乗っ取るのが容易になります。
　多くの人が「123456」や「password」などの簡単なパスワードを使ってしまいがちですが、これではセキュリティ上非常に危険です。

　強力なパスワードを作成するためには、以下のポイントに注意しましょう。

表6-1　パスワードを強力にするポイント

長　さ	最低でも12文字以上のパスワードを使用する
複雑さ	大文字、小文字、数字、特殊記号（@、#、!など）を組み合わせる
使いまわしを避ける	複数のサービスで同じパスワードを使わない

　たとえば、「$Tr0nG_P@ssW0rd!」のように、記号や数字を混ぜたパスワードを設定することで、簡単には推測されにくいものになります。

パスワード管理ツールの活用

　長くて複雑なパスワードを複数のサービスで使い分けるのは覚えるのが大変です。

　この問題を解決するために、パスワード管理ツールを利用することをお勧めします。

　パスワード管理ツールは、安全な環境で複数のパスワードを保存・管理するためのアプリケーションであり、マスターパスワード1つで全てのパスワードにアクセスできる仕組みを提供します。

　たとえば、前述したLastPassや1Passwordといった人気のパスワード管理ツールを使用すれば、サービスごとに強力でユニークなパスワードを生成し、簡単に管理できるのです。

　これによって、いちいちパスワードを覚えておく必要がなくなり、セキュリティを向上させつつ利便性を高められます。

二段階認証(2FA)の導入

　二段階認証（2FA）は、パスワードに加えてもう一つの認証方法を使うことで、アカウントの安全性を大幅に強化します。

　具体的には、通常のパスワード入力後に、別のデバイスに送られた確認コードを入力する必要があります。

　この追加の認証ステップがあることで、万が一パスワードが盗まれたとしても、第三者が不正にアカウントにアクセスするのを防ぐことができます。

＊

　前述のGoogle AuthenticatorやAuthyといった認証アプリを使って、ChatGPTアカウントに二段階認証を設定することができます。

　設定方法は簡単で、まずアカウントの設定メニューにアクセスし、[セキュリティ]タブから二段階認証を有効にします。

　その後、表示されるQRコードを認証アプリでスキャンし、生成された確認コードをアカウント設定に入力すれば完了です。

　これでログイン時には、パスワードに加えて確認コードが必要となり、不正アクセスのリスクが大幅に減少します。

デバイスのセキュリティ対策

　パスワードや二段階認証だけでなく、**使用するデバイス自体にもセキュリティ対策を講じる**ことが必要です。

　コンピューターやスマートフォンに「**ウイルス対策ソフト**」をインストールし、定期的にソフトウェアを更新することで、最新の脅威に対抗できます。

　また、公共のWi-Fiを使用する際は、「**VPN**※」を利用して通信を暗号化し、ハッキングされるリスクを減らすことができます。

> ※「仮想プライベートネットワーク」(Virtual Private Network)のこと。データの送信先・受信先の間に仮想的な専用線を作ることで、通信データを外部から傍受できない状態にすることができる。

6-4　セキュリティ対策と注意点

　ChatGPTを安全に利用するために、設定項目にはセキュリティに関する重要なオプションがいくつか用意されています。

　これらの項目を正しく理解し、適切に設定することで、個人情報を保護し、データ漏洩のリスクを最小限に抑えることができます。

　ここでは、ChatGPTの設定にあるセキュリティ関連の項目について解説し、利用時の注意点についても説明します。

データの保存とプライバシー設定

　ChatGPTの設定メニューには、プライバシーに関するオプションがあります。

　ここでは、あなたが提供したデータがどのように保存され、AIの改善やモデルのトレーニングにどのように使用されるかを選択できます。

　特に、送信されたデータがどのように使われるかに関心をもつことは、個人情報を守る上で非常に重要です。

注意

> プライバシーポリシーを必ず確認し、データの取り扱いに関する設定を適切に調整しましょう。
>
> 必要に応じて、データの保存を最小限に抑える設定に変更し、過度にデータを提供しないように注意してください。

＊

こちらが、トレーニングに関するChatGPTのFAQの回答です。

モデルのパフォーマンスを向上させるためにデータがどのように使用されるか

OpenAI が当社のサービスのコンテンツを使用してモデルを改善およびトレーニングする方法について詳しくご覧ください。

1週間以上前に更新されました

AI モデルの最も有用かつ将来性のある特徴の1つは、時間の経過とともに改善できることです。当社は、研究のブレークスルーや現実世界の問題やデータへの露出を通じて、継続的にモデルを改善しています。お客様がコンテンツを当社と共有していただくと、当社のモデルはより正確になり、お客様固有の問題をより適切に解決できるようになります。また、モデルの全体的な機能と安全性も向上します。当社は、お客様のコンテンツを使用してサービスを宣伝したり、お客様の広告プロファイルを作成したりすることはありません。モデルをより役立つものにするために使用します。たとえば ChatGPT は、お客様がオプトアウトしない限り、ユーザーとの会話に基づいてさらにトレーニングすることで改善されます。

ChatGPTやDALL·Eなどの個人向けサービス

ChatGPT や DALL·E などの個人向けサービスをご利用になる場合、当社はお客様のコンテンツを使用してモデルをトレーニングすることがあります。

プライバシー ポータルから「自分のコンテンツでトレーニングしない」をクリックしてトレーニングをオプトアウトするか、ChatGPT 会話のトレーニングをオフにするには、データ コントロール FAQ の指示に従ってください。オプトアウトすると、新しい会話はモデルのトレーニングに使用されなくなります。

ChatGPT のドロップダウンから一時チャットを使用することもできます。一時チャットからのチャットは履歴に表示されず、メモリが使用または作成されず、モデルのトレーニングにも使用されません。

図6-4　ChatGPTのPolicy FAQの画面

直接確認したい方は、こちらからアクセスしてください。

How your data is used to improve model performance

https://help.openai.com/en/articles/5722486-how-your-data-is-used-to-improve-model-performance

手順 **データコントロールの設定方法**

1 ChatGPTの画面の右上、個人のアイコン（図6-1の①）をクリックして［設定］（図6-1の②）を選びます。

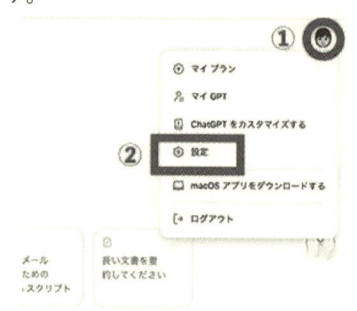

図6-1　ChatGPTの画面

3 左側のリストの中から［データコントロール］を選択します。

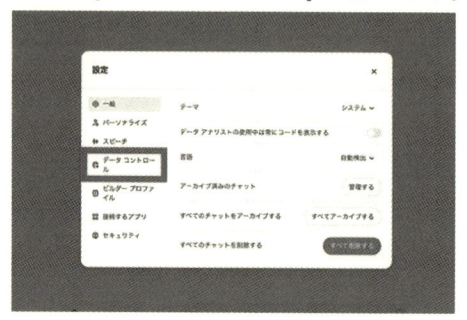

図6-2　ChatGPTの設定画面

3 いちばん上の［すべての人のためにモデルを改善する］を選び、チェックをオフにすると、送信したデータがChatGPTのトレーニングに使用されなくなります。

図6-3　ChatGPTの設定画面

セッション管理とログアウトの徹底

　セキュリティを維持するためには、**利用が終わったら必ずセッションを終了し、手動でログアウトする**ことが大切です。

　自動ログアウト機能も設定できる場合がありますが、特に共有デバイスや公共のWi-Fiを使用している際は、手動でログアウトする習慣をつけましょう。

注意

> 　公共の場所や共有デバイスを使用した場合、ログアウトを怠ると他人にアカウントを乗っ取られるリスクが高まります。
> 　長時間使用しない場合、セッションを自動で終了するタイマー機能があるか確認し、有効に設定しておくことも推奨されます。

通知設定とセキュリティアラートの確認

　アカウント設定では、**セキュリティ関連の通知を受け取る設定をオンにする**ことができます。

　不正アクセスの試みや、セキュリティ上の異常な動きがあった場合には、すぐに通知を受け取れるようにしておくことで、迅速に対応が可能となります。

注意

> 　セキュリティ通知をオンにし、メールアドレスや認証アプリにすぐに気づけるように設定しておきましょう。
> 　不正アクセスがあった場合、すぐにパスワードを変更し、アカウントの保護を強化することが重要です。

データバックアップとリカバリープラン

万が一、アカウントが不正アクセスされたり、データが消失してしまった場合に備えて、**データのバックアップやリカバリープランを立てておく**ことも重要です。

特に、ビジネスでChatGPTを利用している場合は、重要な情報を他の場所に安全にバックアップしておくことが推奨されます。

注意

> 重要なデータは、定期的にバックアップを取るようにし、別の安全な場所に保管しましょう。
>
> データ消失時のリカバリープランをあらかじめ策定し、緊急時に迅速に対応できるように準備しておくことが大切です。

手順　バックアップの方法

1　ChatGPTの[設定]→[データコントロール]→[データをエクスポートする]→[エクスポートする]と進みます。

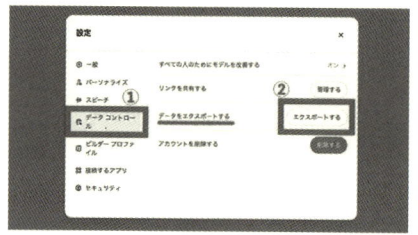

図6-5　ChatGPTの設定画面

2　次の画面で[エクスポートを確認]をクリックします。

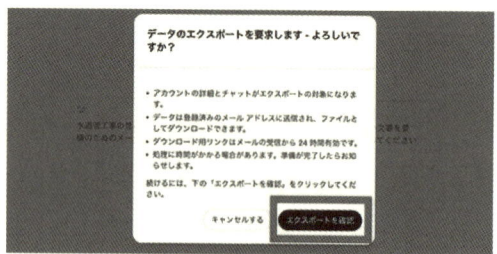

図6-6　データエクスポートのダイアログ

3 数分後、登録済みのメールアドレスにOpenAIから「ChatGPT – データ エクスポートの準備ができました」というタイトルのメールが届きます。
メールを開いて[データエクスポートのダウンロード]をクリックしましょう。

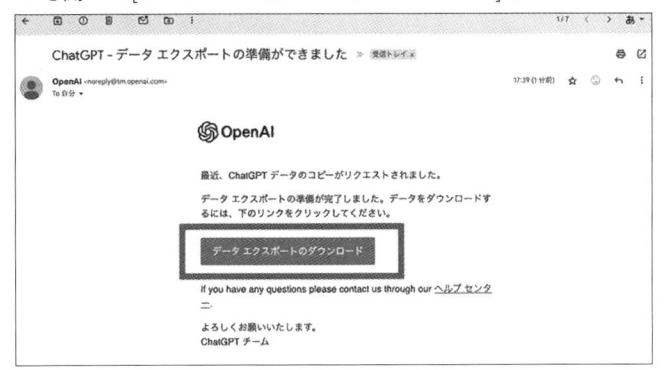

図6-7 OpenAIから届いたメールの画面

4 ダウンロードしたフォルダを解凍し、「chat.html」を開きます。

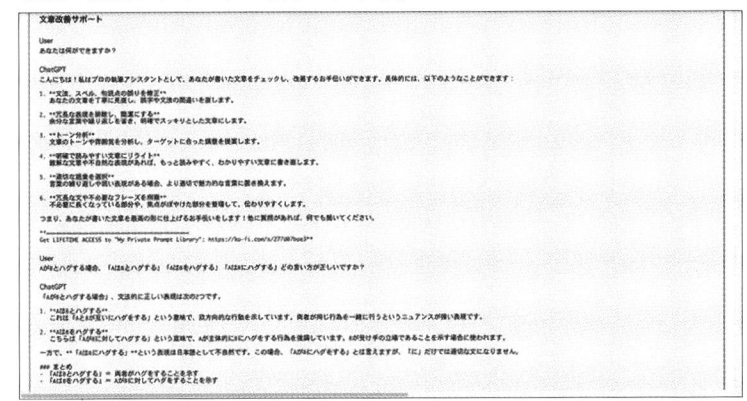

図6-8 ダウンロードして解凍したフォルダ

5 過去の履歴がテキストで表示されます。

図6-9 ダウンロードしたデータの一部

6-5 セッション終了時に気をつけるべきポイント

ChatGPTやその他のオンラインサービスを利用した後、セッション終了時に気をつけるべきポイントがいくつかあります。

特に公共の場所や共有デバイスで利用する際には、セッションが自動的に終了せず、ログアウトし忘れることで、他人に情報がアクセスされるリスクが高まります。

ここでは、セッション終了時に行なうべき重要なセキュリティ対策について詳しく説明します。

セッションの手動ログアウト

多くのオンラインサービスは、一定時間の操作がないと自動的にログアウトされる機能を備えていますが、これはあくまでセキュリティの最後の砦です。

自分でセッションを終了する際には、必ず手動でログアウトすることが大切です。

特に、公共のWi-Fiを利用している場合や、図書館やインターネットカフェなどの共有デバイスでアクセスしている場合は、ログアウトを忘れないようにしましょう。

たとえば、共有デバイスでChatGPTを使用した後にログアウトを忘れると、次にそのデバイスを使用する人があなたのデータにアクセスできる可能性があります。

クレジットカード情報や個人メッセージなどのプライバシー情報が漏れてしまうリスクを避けるためにも、セッション終了時の手動ログアウトは重要なセキュリティ対策です。

ブラウザのキャッシュとクッキーの削除

ブラウザは、ページの読み込みを早めるためにキャッシュやクッキーといったデータを保存しますが、これらにはセッション情報やログイン状態が一時的に保存されることがあります。

共有のデバイスや、他人がアクセスできる可能性のあるデバイスを使用している場合は、セッション終了後にブラウザのキャッシュとクッキーを削除することが推奨されます。

　削除手順はブラウザによって異なりますが、ほとんどのブラウザで「**履歴の消去**」や「**ブラウザデータのクリア**」という項目からキャッシュやクッキーの削除が簡単に行なえます。

　定期的にこれを実行することで、他人にセッションが引き継がれるリスクを防ぎ、プライバシーを保護することができます。

図6-20　たとえばChromeならメニューダイアログの［閲覧履歴データの削除］から削除画面に移行できる

パスワード自動保存機能の無効化

　ブラウザやアプリには、入力したパスワードを自動で保存し、次回ログイン時に入力を省略する機能が備わっています。
　これは個人のデバイスでは便利な機能ですが、**共有のデバイスやセキュリティが低いデバイスでこの機能を利用するのは非常に危険**です。

　パスワードが保存されてしまうと、次にそのデバイスを利用する人がログイン状態を引き継いでしまう可能性があるため、特にセキュリティに敏感な場合には、この機能を無効化することが望ましいです。

　たとえば、カフェなどで提供される共有PCでChatGPTにログインし、パスワード保存機能が有効になっていると、次に利用する人が自動的にあなたのアカウントにアクセスできてしまうかもしれません。
　個人デバイス以外では、パスワードの自動保存をオフにするか、ブラウザ終了時に全てのパスワードデータを消去する設定にしておくと安全です。

セッション終了後の再確認

　セッションを終了した後、念のために**もう一度ログアウトが正しく完了しているかを確認する**のも有効です。

　たとえば、再度ログインページにアクセスし、アカウントに再度ログインが必要か確認する方法があります。

　もしログイン状態が維持されている場合、ログアウトが正常に完了していない可能性があるため、もう一度ログアウト処理を行ないましょう。

　また、スマートフォンやタブレットで複数のアプリを使い分けている場合、アプリのマルチタスク機能を使ってアクティブなセッションを確認し、ChatGPTなどのアプリを完全に終了することも重要です。

　これによって、他の人が誤ってアプリにアクセスすることを防ぎます。

リモートアクセス時の追加対策

　もしリモートアクセスを使ってChatGPTや他のサービスを利用している場合、**VPNを活用する**ことを強く推奨します。

　VPNを使うことで通信が暗号化され、ハッカーにデータを傍受されるリスクが減少します。

　特に、公共のWi-Fiを使用している場合、VPNはセキュリティ対策の必須ツールです。

＊

　また、リモートデバイスでセッションを終了する際には、必ず全てのリモート接続を終了していることを確認してください。

　たとえば、仕事のために外出先でリモート接続を利用する際、セッション終了後にリモート接続を閉じ忘れてしまうと、自宅やオフィスのPCに外部からアクセスできる状態が続いてしまうかもしれません。

　これを防ぐために、**リモート接続が終了していることを確認する**癖をつけましょう。

　セッション終了時にこれらの対策を徹底することで、予期しないデータ漏洩や不正アクセスを防ぎ、安心してChatGPTやその他のオンラインツールを利用することができます。

6-6 　安全なデータ共有の方法

　ChatGPTを利用する際、データの共有は必要不可欠な部分となることがあります。

　しかし、個人情報や機密データを第三者に送信する際には、セキュリティ対策を怠ると不正アクセスやデータ漏洩のリスクが高まります。

　ここでは、安全にデータを共有するための具体的な方法と、注意すべきポイントについて詳しく解説します。

暗号化された通信を利用する

　データを共有する際には、**必ず暗号化された通信手段を利用する**ことが基本です。

　これによって、第三者がデータを傍受した場合でも、その内容が解読できないように保護されます。

　暗号化とは、データを特定のキーで変換し、正しいキーをもつ人だけがそのデータを解読できるようにする技術です。

　たとえば、メールで機密情報を送信する際には、通常のメールサービスではなく、暗号化された通信を提供するプラットフォームを利用することが重要です。

　「Gmail」や「Outlook」などのメールサービスでも、「SSL」(Secure Socket Layer)や「TLS」(Transport Layer Security)を使って通信が暗号化されるため、安全にデータを送信できます。

＊

　さらに、ファイルを共有する際には、データが悪意のある第三者に渡ったとしてもアクセスできないように、**ファイルそのものにパスワードをかける**ことが有効です。

　たとえば、Zipファイルにパスワードを設定したり、クラウドサービスで共有するファイルにアクセス制限をかけることができます。

信頼できるプラットフォームを使用する

データ共有に使用するプラットフォームが信頼できるかどうかは、セキュリティを確保する上で非常に重要です。

多くの無料プラットフォームやアプリケーションは、セキュリティ対策が不充分であることがあります。

そのため、データを共有する際には、**信頼性の高いプラットフォームを選択する**ことが不可欠です。

たとえば、「Google Drive」や「Dropbox」、「Microsoft OneDrive」など、主要なクラウドストレージサービスでは、データを暗号化し、共有リンクにパスワードをかけるオプションも提供しています。

これによって、データを送信した相手だけがアクセスできるように設定し、リンクが外部に漏れても第三者が簡単にアクセスできないようにすることができます。

*

また、ビジネスシーンでは、「Slack」や「Microsoft Teams」のような企業向けのコミュニケーションツールを使ってデータを共有することも安全です。

これらのツールは、企業向けのセキュリティ基準を満たしており、情報のやり取りにおいて強力なセキュリティを提供します。

共有する相手を限定する

データ共有の際、**共有範囲を最小限に抑える**ことも重要なセキュリティ対策です。

必要以上の人にデータを共有してしまうと、その分だけ情報漏洩のリスクが高まります。

共有相手が信頼できるかどうか、またデータを受け取る必要があるかどうかをしっかりと判断し、必要最小限の相手にのみ共有することが推奨されます。

　たとえば、クラウドサービスでデータを共有する際、リンクを「全員に公開」に設定するのではなく、アクセス権を個別の相手にだけ付与することが可能です。

　特定のメールアドレスだけにアクセス許可を与えることで、リンクを他の人が知ってもそのデータにアクセスできないように制限をかけられます。

＊

　また、共有が終了した後は、**必ずそのリンクを無効化**するか、**アクセス権を削除する**ことも忘れないようにしましょう。

　これによって、後からアクセスされるリスクを排除できます。

データの取り扱いに関するポリシーを作成する

　特にビジネスでChatGPTやその他のツールを利用してデータを共有する際には、**データの取り扱いに関するポリシーを作成しておく**ことが重要です。

　ポリシーには、どのデータをどのように扱うべきか、どのプラットフォームを利用するのが適切か、誰がアクセスできるのか、といった具体的なガイドラインを定めます。

　たとえば、顧客情報や機密情報を含むデータは、**信頼できる暗号化プラットフォームでしか共有しない**、**パスワード付きのファイルで送信する**、**共有期限を設ける**などのルールを統一しておくことで、情報漏洩リスクを大幅に低減できます。

　定期的にポリシーを見直し、セキュリティ基準に合致しているかどうかを確認することも重要です。

ファイル共有の期限を設定する

　データ共有を行なう際には、前述のように**共有期限を設定する**ことがリスク管理において効果的です。

　多くのクラウドサービスやメールプラットフォームでは、共有リンクに期限を設けることができます。

これによって、一定期間が経過した後は自動的にアクセスが無効となり、後からデータが盗まれる心配がなくなります。

たとえば、顧客に一時的に資料を共有する場合、そのリンクを1週間以内に無効にするよう設定することで、長期間データが公開され続けるリスクを回避できます。

また、期限が切れる前に再共有する際も、再度アクセス権を管理することで、誰がそのデータを閲覧しているかを把握しやすくなります。

公共のWi-Fiを使用しない

データ共有を行なう際に公共のWi-Fiを使用すると、**データが盗聴されたり、不正アクセスされるリスクが増加**します。

公共のWi-Fiは多くの人が同じネットワークを使用しており、通信が暗号化されていない場合、他のユーザーがデータにアクセスすることが可能です。
そのため、機密性の高いデータをやり取りする際には、必ずセキュリティの高いネットワークを使用するか、VPNを利用して通信を暗号化することが重要です。

たとえば、カフェや空港などの公共の場所でデータを共有する必要がある場合は、VPNを利用して通信を保護するか、モバイルホットスポットを使って安全なインターネット接続を確保しましょう。
これによって、第三者があなたの通信内容にアクセスするリスクを軽減できます。

安全なデータ共有を行なうためには、これらの対策を組み合わせて活用することが重要です。
これによって、機密データが悪意のある第三者に渡るリスクを最小限に抑えることができ、ChatGPTを含むオンラインツールを安心して活用することができます。

6-7 日常的な対策がセキュリティリスクを減らす

ChatGPTのようなAIツールを安全に利用するためには、セキュリティ対策をしっかりと講じることが不可欠です。

本章では、利用時に注意すべきセキュリティリスクと、そのリスクに対抗するための具体的な対策について解説しました。

個人情報の漏洩やフィッシング詐欺を防ぐためには、強力なパスワードの設定や二段階認証の導入が基本となります。

また、セッション終了時には必ず手動でログアウトし、共有デバイスでの利用時にはキャッシュやクッキーの削除も欠かせません。

さらに、データ共有の際には暗号化された通信を使い、信頼できるプラットフォームを選択することで、情報の安全性を確保することができます。

これらの対策を日常的に実践することで、AIツールの便利さを享受しながらも、セキュリティリスクを最小限に抑えることが可能です。

特に初心者の方でも、これらの基本的なポイントを押さえておけば、安心してChatGPTを活用できるでしょう。

第3部

ChatGPTを活用する

第2部まででChatGPTの概要と使用上の注意点を理解することができたと思います。

そこで最後に、ChatGPTを子どもの教育に活用する具体的なアイディアをいくつか紹介します。

これらの例を参考に、各々の状況に合わせた活用方法を考えてみてください。

CONTENTS

7章

小学生の新しい家庭教師

近年、AI技術の進化により、教育の形も大きく変わりつつあります。特に、OpenAIが開発したChatGPTは、その可能性を広げています。

本章では、ChatGPTを小学生の学習支援ツールとして活用する方法を探ります。ChatGPTがどのようにして家庭教師の役割を果たし、子どもたちの学習環境を豊かにするか、具体的な活用アイディアとともに紹介します。

親子で一緒に学び、成長するための新しい道筋を、ChatGPTとともに探ってみましょう。

筆者	●kana
サイト名	●猫でもわかるChatGPT
URL	●https://www.tokachi-ichiba.com/chatgpt-gakushusho/
記事名	●ChatGPTで変わる学びの形：小学生の新しい家庭教師

7-1 　小学生の学習に革命をもたらすAI

ChatGPTは、OpenAIによって開発された最先端のAIです。

このAIは、質問に答えたり、話題についてのテキストを生成したりすることができ、教育分野での応用に大きな可能性を秘めています。

小学生の学習におけるChatGPTの役割

ChatGPTを小学生の学習に取り入れると、従来の学習方法にはない多くのメリットがあります。

たとえば、ChatGPTは24時間365日、どんな質問にも応じることができるため、子どもたちが学習に対して抱える疑問を即座に解決することが可能です。

また、ChatGPTは個々の学習者のレベルに合わせた説明を提供することができ、一人一人にカスタマイズされた学習体験を提供します。

表7-1　ChatGPTを活用した学習の具体例

語彙力の向上	ChatGPTに子どもが学んでいる単語の意味や使い方を尋ね、実際の会話の中で新しい語彙を使う練習をさせます
算数の問題解決	ChatGPTに算数の問題を解かせることで、解法のステップを学び、理解を深めます
読解力の強化	ChatGPTに物語や文章を読ませ、その内容について質問することで、読解力を養います
好奇心の促進	子どもが興味をもったトピックについてChatGPTと会話させ、学習意欲を高めます

安全な使用のための注意点

ChatGPTを子どもたちの学習に取り入れる際には、**適切なガイドラインを設定する**ことが重要です。

たとえば、保護者が使用を監視し、不適切なコンテンツに触れないようにする、学習時間を適切に管理するなど、安全かつ健全な使用を心がける必要があります。

＊

ChatGPTは、小学生の学習をサポートし、教育の可能性を広げる強力なツールです。

活用することで、学習の楽しさを発見し、知識の探求を深めることができます。

7-2　ChatGPTを活用した学習プランの立て方

ChatGPTを小学生の学習に取り入れる際に、最大の効果を得るためには、効果的な学習プランの立て方を知ることが重要です。

ここでは、ChatGPTを活用した学習プランを立てるためのステップを紹介します。

学習目標の設定

まず、**何を学びたいのか、どのようなスキルを身につけたいのか**を明確にします。

たとえば、語彙力の向上、読解力の強化、数学の問題解決能力の向上など、具体的な学習目標を設定しましょう。

ChatGPTとの対話形式を決定

ChatGPTは質問に答える形式だけでなく、物語を作成させたり、特定のトピックについての説明を求めたりするなど、多様な対話が可能です。

学習目標に応じて、最も適した対話形式を選びます。

学習スケジュールの作成

定期的な学習が重要です。週に何回、1回あたりどのくらいの時間をChatGPTとの学習に割り当てるかを計画しましょう。

小学生の注意力を考慮して、短時間でも定期的に学習することが効果的です。

フィードバックと評価

学習プランを実行した後は、その効果を評価し、必要に応じて調整します。

子どもがChatGPTを使って学んだことを親に説明する時間を設けることで、学習内容の理解度を深めることができます。

安全な使用のためのルール設定

ChatGPTを安全に使用するために、インターネットの安全使用に関するルールを設定し、子どもに教えることが重要です。

また、保護者が定期的に学習内容をチェックし、適切なガイダンスを提供することも大切です。

学習プランの例

以下のような学習プランを立てることで、ChatGPTを活用した効果的な学習が可能になります。

＜週3回、各20分の学習セッションの場合＞
- 月曜日：語彙力向上のための新しい単語学習
- 水曜日：数学の問題解決
- 金曜日：読解力強化のための物語読解と質問

子どもの興味や学習進度に応じて柔軟に調整し、楽しみながら学習できる環境を整えましょう。

7-3 実践！ChatGPTを使った家庭学習のアイディア

　ChatGPTを活用することで、家庭学習をより効果的で楽しいものに変えることができます。

　以下に、ChatGPTを使った家庭学習のアイディアをいくつか紹介します。

語彙力の向上

　ChatGPTに日常生活で遭遇した未知の単語を尋ねさせ、その意味や使い方を学びます。

　また、ChatGPTに特定のテーマに基づいた単語リストを作成させ、それらの単語を使って文を作る練習をします。

ステップ1:未知の単語の探求

　子どもが日常生活で遭遇した未知の単語や、読書や学校の授業で出会った新しい語彙について、ChatGPTに尋ねる活動から始めます。

　このステップでは、単語の意味だけでなく、その単語がどのような文脈で使われるかについても学びます。

　たとえば、「持続可能性」という単語について尋ねた場合、ChatGPTはその定義とともに、環境保護の文脈での使用例を提供することができます。

ステップ2:テーマに基づいた単語リストの作成

　子どもの興味や学習しているトピックに基づいて、ChatGPTに特定のテーマに関連する単語リストを作成させます。

　たとえば、宇宙探査、古代文明、動物の適応など、子どもが興味をもっているテーマを選びます。

　ChatGPTはそのテーマに関連する単語やフレーズを提供し、それらの意味と使用例を説明します。

ステップ3:単語を使った文作りの練習

　新しく学んだ単語を使って、子ども自身が文を作る練習をします。

　この活動は、単語の理解を深めるだけでなく、実際のコミュニケーションや作文でその単語を使う能力を養います。

　ChatGPTは、子どもが作った文の改善提案や、さらに複雑な文を作るためのヒントを提供することができます。

表7-2　具体的な活用例

未知の単語の探求	子どもが「再生可能エネルギー」という単語を新聞で見つけた場合、ChatGPTにその意味、重要性、そして例としてどのようなエネルギー源があるかを尋ねます
テーマに基づいた単語リストの作成	「海洋生物」というテーマに興味をもつ子どものために、ChatGPTに関連する単語リスト（例：海流、プランクトン、生態系）を作成させ、それぞれの単語について学びます
単語を使った文作りの練習	「持続可能性」に関連する単語を使って、子どもに環境保護についての短いエッセイを書かせます ChatGPTは、使用した単語の適切な使い方や、文章の流れを改善するためのアドバイスを提供します

　このようにChatGPTを活用することで、子どもたちは新しい単語の意味を学び、それを実際のコミュニケーションで使う方法を習得します。

　語彙力の向上は、読解力、表現力、そして学習への興味を高める重要なステップです。

算数の問題解決

　ChatGPTに算数の問題を提示し、解法の手順を説明させます。

　これによって、子どもは問題解決のプロセスを学び、理解を深めることができます。

　また、ChatGPTに異なる解法を尋ねることで、複数のアプローチを学ぶことも可能です。

ステップ1:問題の提示

　子どもが学校や宿題で遭遇した算数の問題、または新しい算数の概念に関連する問題をChatGPTに提示します。

　この問題は、算数の基本的な計算から、分数、割合、方程式など、より複雑な数学の問題に及ぶことがあります。

ステップ2:解法の手順の説明

ChatGPTに問題の解法を説明させます。

ChatGPTは、問題を解くためのステップバイステップのガイドを提供することができます。このプロセスでは、単に答えを出すだけでなく、その解法に至る論理的な思考プロセスを学ぶことが重要です。

たとえば、方程式を解く際には、①方程式を設定する方法、②変数を隔離するステップ、そして③解を検証するプロセスなどを詳しく説明します。

ステップ3:異なる解法の探求

一つの算数の問題にはしばしば複数の解法が存在します。子どもが理解を深め、数学的な柔軟性を養うために、ChatGPTに問題の異なる解法を尋ねます。

これによって、子どもは同じ問題を異なる角度から考えることを学び、数学的な直感を育てることができます。

表7-3　具体的な活用例

基本的な算数の問題	「あるクラスには男の子が15人、女の子が10人います クラス全体の人数は何人ですか?」という問題をChatGPTに提示し、加算のプロセスを説明させます
分数の問題	「1/2リットルのジュースを2/3に分けると、各部分は何リットルになりますか?」という問題を解くための分数の乗算をChatGPTに説明させます
方程式の解法	「$2x + 3 = 7$のとき、xはいくつですか?」という方程式を解くプロセスを、変数を隔離する手順とともにChatGPTに説明させます さらに、図表を使って方程式を解く方法など、別のアプローチも尋ねます

このようにChatGPTを活用することで、子どもたちは数学の問題を解くための論理的なステップを学び、異なる解法を通じて数学的な思考を広げることができます。

数学の学習においては、正しい答えを見つけることも重要ですが、そのプロセスを理解し、異なる方法で問題にアプローチする能力を養うことがさらに重要です。

読解力の強化

ChatGPTに短い物語や記事を読ませ、その内容に関する質問をします。

これによって、子どもは重要な情報を抽出し、理解を深める能力を養います。

また、ChatGPTに物語の異なる結末を考えさせることで、創造力も刺激されます。

ステップ1:物語や記事の選定

まず、子どもの興味や学習レベルに合わせて、短い物語や記事を選びます。

この選定プロセスは、子どもがすでに知っているトピックや、新しく学びたい分野に基づいて行なうことができます。

たとえば、動物に関する物語や、宇宙探査に関する簡単な記事などが適しています。

ステップ2:ChatGPTによる読解と質問

選んだ物語や記事をChatGPTに読ませた後、その内容に基づいて質問をします。

この質問は、物語の主要な登場人物は誰か、物語の舞台はどこか、記事で紹介されている宇宙ミッションの目的は何かなど、理解を確かめるためのものです。ChatGPTはこれらの質問に基づいて、子どもがテキストの内容をどれだけ理解しているかを評価するのに役立ちます。

ステップ3:創造力の刺激

読解活動をさらに発展させるために、ChatGPTに物語の異なる結末を考えさせたり、記事の情報を基に新しい物語を作成させたりします。

たとえば、物語の主人公が異なる選択をした場合の結果や、記事に登場する科学者が別の惑星を探査するとどうなるかなど、子どもの想像力を刺激する質問を投げかけます。

このプロセスは、単にテキストの内容を理解するだけでなく、その情報を基に新しいアイディアを創出する能力を育てます。

表7-4 具体的な活用例

物語の理解	「ジャックと豆の木」の物語をChatGPTに読ませ、ジャックがなぜ豆の木を登ったのか、彼が得た教訓は何かなどの質問をします。
記事の分析	太陽系の惑星に関する記事を読ませた後、各惑星の特徴や、なぜ地球が生命を支える唯一の惑星なのかについて議論します。
創造的な書き換え	物語の結末を変えて、もしジャックが豆の木を登らずに、別の方法で巨人に立ち向かったらどうなるかを考えさせます。

　このようにChatGPTを活用することで、読解力の強化だけでなく、批判的思考や創造力を養うことができます。

　子どもたちは、テキストの内容を深く理解し、それを基に自分の考えや物語を展開する楽しさを学びます。

科学実験の理解

　ChatGPTを使って、科学実験の手順やその科学的原理について学びます。

　実験を行なう前に、ChatGPTに実験の目的や期待される結果について説明させることで、実験への理解を深めます。

ステップ1:実験の選定

　まず、子どもが興味をもつ科学実験を選びます。これは、水の循環を示すシンプルな実験から、化学反応を観察するより複雑な実験までさまざまです。

　選定された実験は、子どもが理解できる範囲内で科学的な原理を明確に示すものであるべきです。

ステップ2:実験の目的と期待される結果の説明

　ChatGPTに実験の目的と、実験を通じて何を学ぶことが期待されるかについて説明させます。

　たとえば、植物が光合成を行なう過程を観察する実験では、ChatGPTは光合成の基本的な原理と、植物がどのように太陽光をエネルギーに変えるかについて説明します。このステップでは、実験の科学的背景を理解することが重要です。

ステップ3:実験手順の詳細な説明

次に、ChatGPTに実験手順を詳しく説明させます。

これには、必要な材料のリスト、実験の手順、安全に実験を行なうための注意点などが含まれます。

実験手順を事前に理解することで、子どもは実験中に何が起こるのかを予測し、観察するポイントを把握できます。

ステップ4:実験後の結果の分析

実験を行なった後、ChatGPTを使って得られた結果を分析します。

このステップでは、実験の結果が予想とどのように一致しているのか、または異なるのか、その理由は何かについて考察します。

ChatGPTは、結果の科学的な説明や、もし結果が異なる場合の可能性についての洞察を提供することができます。

表7-5 具体的な活用例

実験の選定	簡単な化学反応を観察する実験として、重曹と酢の反応を選びます
実験の目的と期待される結果の説明	ChatGPTに重曹と酢を混ぜると何が起こるか(二酸化炭素の発生)、そしてこの化学反応がどのような原理に基づいているかを説明させます
実験手順の詳細な説明	必要な材料(重曹、酢、ビーカーなど)と、重曹をビーカーに入れた後に酢を加える手順、反応を安全に観察する方法について説明します
実験後の結果の分析	実験後、発生したガスが二酸化炭素であることを確認する方法(たとえば、発生したガスをろうそくの炎に近づけてみる)と、この反応が日常生活でどのように見られるか(たとえば、ベーキングパウダーを使った料理)について話し合います

このプロセスを通じて、子どもたちは科学実験の準備、実施、結果の分析を通じて科学的な思考方法を学び、科学の原理に対する深い理解を得ることができます。

歴史や文化の探求

　ChatGPTに特定の歴史的事件や文化について尋ね、その背景や重要性について学びます。

　この方法で、子どもは世界に対する広い視野をもつことができます。

ステップ1:探求したいトピックの選定

　子どもが興味をもつ特定の歴史的事件や文化を選びます。

　この選定は、学校の授業、読んだ本、見た映画、または家族の背景に触発されることがあります。

　たとえば、古代エジプトのピラミッド、ルネサンス期の芸術、日本の侍文化など、多岐にわたるトピックが考えられます。

ステップ2:背景や重要性の理解

　ChatGPTに選定したトピックに関する基本的な情報を尋ねます。

　これには、その歴史的事件が起こった時期、文化が発展した背景、その時代や文化が現代に与えた影響などが含まれます。

　ChatGPTは、トピックに関連する重要な人物、場所、そしてそれらが歴史の流れの中でどのような役割を果たしたかについても説明することができます。

ステップ3:深い洞察と質問

　基本的な情報を得た後、子どもはさらに深い洞察を求めるためにChatGPTに質問をします。

　これには、特定の文化的慣習がどのようにして生まれたか、ある歴史的事件が世界の他の地域にどのような影響を与えたか、などが含まれます。

　また、異なる時代や文化間の類似点と相違点を探ることもできます。

ステップ4:批判的思考の促進

　ChatGPTとの対話を通じて、子どもは情報の源を考え、提示された情報の信頼性や偏りについて批判的に考えるようになります。

　また、歴史的な視点から現代の問題を考える方法を学び、異なる文化的背景をもつ人々に対する理解と尊重の精神を養います。

表7-6　具体的な活用例

古代エジプトの探求	子どもが古代エジプトのピラミッドに興味をもった場合、ChatGPTにピラミッドの建設目的、使用された技術、ピラミッドが古代エジプト文化においてどのような意味をもっていたかについて尋ねます。
ルネサンス期の芸術	ルネサンス期の芸術家たち、特にレオナルド・ダ・ヴィンチやミケランジェロの作品がどのようにして、その時代の人々に影響を与えたか。また、その芸術がどのようにして現代の芸術に影響を与え続けているかについて学びます。
日本の侍文化	侍の生活、武士道の精神、侍が日本の歴史や文化にどのような影響を与えたかについてChatGPTに質問します。また、侍文化が現代の日本社会に残している遺産についても探求します。

　このようにChatGPTを活用することで、子どもたちは単に事実を学ぶだけでなく、歴史や文化に対する深い理解と批判的思考能力を養うことができます。

　これは、世界に対する広い視野をもち、多様性を価値あるものとして認識するための重要なステップです。

安全な使用のためのヒント

　ChatGPTを使った学習を安全に進めるためのポイントとして、以下が挙げられます。

- ・ChatGPTとの対話を監視し、不適切な内容が表示されないようにしましょう
- ・学習時間を管理し、画面の前で過ごす時間が過度にならないようにしましょう
- ・学習の進捗を定期的に確認し、子どもがChatGPTと効果的に対話しているかをチェックしましょう

　ChatGPTを使った家庭学習は、子どもたちにとって新しい学習の形態を提供します。

　これらのアイディアを活用して、学習プロセスをより豊かで楽しいものにしましょう。

7-4 親子で楽しむChatGPT

ChatGPTは、子どもたちだけでなく、親子で一緒に楽しむことができる学習ツールです。

ここでは、親子でともに学び、コミュニケーションを深めるためのインタラクティブな学習活動を紹介します。

共同プロジェクトの作成

ChatGPTを使って、親子で共同で物語を作成します。

一人が物語の始まりを考え、ChatGPTに続きを生成させ、もう一人が次の部分を考える、という方法で物語を完成させます。

この活動は、創造力を刺激し、家族間のコミュニケーションを促進します。

学習クイズ大会

ChatGPTを使って、親子で学習クイズを作成し合い、挑戦します。

たとえば、歴史、科学、文学など、さまざまなテーマに基づいた質問をChatGPTに生成させ、相手が答える形式です。この活動は、学習を楽しいゲームに変え、知識の定着を助けます。

討論会の開催

ChatGPTを使って、特定のトピックについての情報を集め、家族内で討論会を開催します。

各家族メンバーが異なる視点から意見を述べ、ChatGPTを情報源として使用します。

この活動は、批判的思考能力を養い、多様な視点を理解する機会を提供します。

親子での学習目標設定

ChatGPTを活用して、親子で学習目標を設定し、達成するための計画を立てます。

たとえば、一緒に新しい言語を学ぶ、特定の科学実験を行なう、歴史的な出来事について学ぶなど、ともに達成したい目標を決定します。

このプロセスは、目標達成の喜びを共有し、学習へのモチベーションを高めます。

安全な使用と健全な学習環境の確保

ChatGPTとの対話中、親は子どものオンライン活動を監視し、安全な使用を確保しましょう。

また、学習活動は、子どもの年齢や興味に合わせて選び、過度な学習圧力を避け、定期的に学習の進捗をレビューし、子どもが楽しみながら学べるようサポートしましょう。

親子で楽しむChatGPTを通じたインタラクティブな学習活動は、学習への興味を深め、家族間の絆を強化します。

これらの活動を通じて、学習は単なる義務ではなく、家族全員で楽しむことができる冒険になります。

7-5 ChatGPTと安全に付き合うためのガイドライン

　ChatGPT は教育ツールとして大きな可能性を秘めていますが、子どもたちが安全に利用するためには、適切なガイドラインが必要です。

　以下に、ChatGPT を安全に使用するための重要なポイントを紹介します。

使用時間の管理

　デジタルデバイスは、子どもの健康とバランスの取れた生活に影響を与えるため、使用時間を管理することが重要です。

　特に学習目的でChatGPT を使用する場合、一日の使用時間を設定し、休憩を取り入れるようにしましょう。

コンテンツの監視

　ChatGPT は多様な回答を生成することができますが、時には不適切な内容が含まれる可能性もあります。

　そのため、特に小学生が使用する場合は、保護者がコンテンツを監視し、適切な使用を促すことが大切です。

プライバシーの保護

　ChatGPT との対話に個人情報を含めないよう、子どもたちに教えることが重要です。名前、住所、電話番号などの情報は共有しないよう指導しましょう。

批判的思考の育成

　ChatGPT からの情報を鵜呑みにせず、批判的に考える能力を育てることが重要です。

　情報の出典を確認する習慣をつけさせ、複数の情報源から情報を得るように指導しましょう。

対話の範囲を設定

　ChatGPT との対話で適切なトピックや質問の範囲を設定します。

　学習目的に沿った使用を促し、余計なトラブルを避けるためにも、この点を明確にすることが大切です。

親子での対話を通じた学習

ChatGPT の使用にあたっては、親子での対話を通じて、使用方法や学んだ内容について話し合うことが推奨されます。

これによって、子どもたちは学習内容をより深く理解し、親は子どもの学習進捗や関心事を把握することができます。

＊

ChatGPT と安全に付き合うためのガイドラインを守ることで、子どもたちは安心して学習を進めることができ、ChatGPT の教育に最大限活かすことができます。

7-7　子どもたちの可能性を広げる ChatGPT

ここでは、ChatGPT を小学生の家庭教師の代わりとして活用する方法について探りました。

ChatGPT を活用することで、小学生は自分のペースで学習を進めることができ、保護者は子どもの学習プロセスに積極的に関わることが可能になります。

また、ChatGPT は学習意欲を刺激し、知識の探求を楽しむ姿勢を育てるのに役立ちます。

しかし、ChatGPT を効果的に活用するためには、適切な使用時間の管理、コンテンツの監視、プライバシーの保護、そして批判的思考の育成が重要です。

これらのガイドラインを守ることで、ChatGPT は小学生の学習に安全かつ有益なツールとなり得ます。

最後に、ChatGPT を使った学習は、子どもたちにとって新しい発見と冒険の旅です。

親子でともにこの旅を楽しむことで、学習はもっと豊かで意味のあるものになるでしょう。

ChatGPT という新しい学習のパートナーを最大限に活用し、子どもたちの可能性を広げていきましょう。

8章

ChatGPTを活用した創造的な問題集の作り方

ChatGPTの技術が進化する中で、教育の分野でもその可能性を活かす動きが加速しています。特に、子どもたちの学習環境に革命を起こす可能性をもつこのツールは、小学生向けの問題集作成においても大きなメリットを提供します。

本章では、初心者でも簡単にChatGPTを使った小学生向けの問題集を作る方法をご紹介します。これからの学習支援にChatGPTをどう活用できるか、その一歩を踏み出しましょう。

筆者	● kana
サイト名	● 猫でもわかる ChatGPT
URL	● https://www.tokachi-ichiba.com/chatgpt-mondaishu/
記事名	● ChatGPT を活用した小学生向けの創造的な問題集の作り方

8-1　ChatGPTとは?初心者向けの基礎知識

ChatGPTは、自然言語処理技術を基盤とするAIモデルで、テキストベースの会話を行なうことができます。

この技術はOpenAIによって開発され、質問に対する回答生成やテキスト作成のようなタスクでその能力を発揮します。

教育分野での利用

ChatGPTを教育分野で利用することで、以下のようなメリットがあります。

表8-1　ChatGPTの教育分野でのメリット

個別化学習	学習者一人一人のニーズに合わせたカスタマイズされた教材や問題集を作成できます
創造的な学習材料	従来の教科書や問題集にはない、創造的で興味を引くような学習材料を提供できます
即時フィードバック	学習者からの質問に対して即座にフィードバックを提供し、理解を深めることができます

＊

たとえば、小学生が動物に関する英語の問題集を使って学習する場合、ChatGPTは動物の特徴や生態に関する質問を生成し、子どもたちが英語で答える練習をすることができます。

また、ChatGPT は物語作成機能を活用して、動物たちが主人公の英語の短編ストーリーを作り出すことも可能です。これによって、学習者は言語学習だけでなく、創造力や批判的思考力を育むこともできます。

ChatGPT を活用した学習支援は、小学生に限らず幅広い年齢層に対しても応用可能です。しかし、特に小学生向けには、学習内容を楽しく、かつ効果的に身につけさせるためのツールとして大きな可能性を秘めています。

8-2 ChatGPTを使った問題集作りのメリット

ChatGPT を活用した問題集の作成は、教育の質を向上させる多くのメリットを提供します。

ここでは、その具体的な利点を掘り下げ、どのようにしてこれらが小学生の学習体験を豊かにするかを見ていきます。

個別化された学習体験の提供

ChatGPT の強力なカスタマイズ機能により、教師や保護者は学習者一人一人の興味や学習レベルに合わせた問題集を作成できます。

たとえば、自然科学に興味をもつ子どもには、宇宙や生物に関する問題を多く含めることができ、また、読解力を強化したい場合は、文章理解を重視した問題を設定できます。

この個別化は、学習者が自分のペースで学び、理解を深めることを可能にします。

創造性を刺激する問題の作成

ChatGPT を用いることで、従来の問題集にはないユニークで創造的な問題を作成することが可能です。

これによって、学習者はただ情報を記憶するだけでなく、批判的思考や問題解決能力を養うことができます。

たとえば、ChatGPT によって生成された短編ストーリーを読んだ後に、

その物語の続きを考えさせるような問題は、学習者の想像力を刺激し、言語能力を同時に発展させます。

即時フィードバックによる学習効果の最大化

ChatGPTは、学習者が提出した回答に対して即時フィードバックを提供することができます。

これは、理解が不充分な部分をすぐに特定し、それに対する追加の説明や練習を行なうことを可能にします。即時フィードバックは、学習者が自分の間違いから学び、理解を深める上で非常に有効です。

学習の動機付けと興味の維持

ChatGPTによって生成される問題や活動は、学習者の好奇心を刺激し、学習に対するモチベーションを高めます。

特に、ゲーム化された問題や競争要素を含む活動は、学習者が楽しみながら学べる環境を提供します。

このようなアプローチは、特に小学生にとって、学習を継続的な探究の旅と感じさせ、学習意欲を維持するのに役立ちます。

*

これらのメリットは、ChatGPTを使った問題集作りが単に知識の伝達手段ではなく、学習者の能力を全面的に発展させるためのツールであることを示しています。

次に、小学生向け問題集のためのChatGPTの調整方法について詳しく見ていきましょう。

8-3　小学生向け問題集のためのChatGPTの調整方法

ChatGPTを小学生向けの教育資料作成に効果的に利用するためには、適切な調整が必要です。

ここでは、小学生に適した問題集を作るためのChatGPTの調整方法について詳しく説明します。

言語レベルの調整

小学生向けの問題集を作成する際は、子どもたちが理解しやすい簡単な言語を使うことが重要です。

そこで、ChatGPTに指示を出す際には、**対象となる年齢層や学習レベルに合わせて、言語レベルを明示的に指定**します。

たとえば、小学校低学年の子どもたちが理解できる簡単な言葉を使って、動物に関するクイズを作成してくださいといった具体的なリクエストを行ないます。

教育的な内容の強調

ChatGPTを使って問題集を作る場合、教育的な価値が高い内容を重視する必要があります。

このため、問題の作成にあたっては、**学習目標やカリキュラムに合わせた内容を指定する**ことが大切です。

ChatGPTに対して、特定の教科やトピックに関連する問題を生成するよう依頼し、学習者が習得すべき知識やスキルに焦点を当てましょう。

インタラクティブな要素の導入

学習の効果を高めるためには、**問題集にインタラクティブな要素を取り入れる**ことが有効です。

ChatGPTには、会話形式で問題を提示し、学習者からの回答に応じてフィードバックを提供する機能があります。この機能を活用して、問題解決のプロセスを通じて学習者と対話するような形式の問題を作成しましょう。

　また、学習者が自分で問題に答えてみて、それに対するChatGPTの解説や解答を読むことができるように設定することも有益です。

安全性と適切性の確保

　小学生を対象とした教材を作成する上で、**内容が年齢に適しているかどうかを確認する**ことは非常に重要です。

　ChatGPTを使用する際には、不適切な言葉遣いや内容が含まれないように注意し、安全性を常に確保する必要があります。
　また、生成された問題やテキストが教育的な目的に沿っているかどうかを事前にチェックし、必要に応じて手動で調整を行ないます。

＊

　これらの調整方法を適用することで、ChatGPTを効果的に活用し、小学生の学習ニーズに応える問題集を作成することが可能になります。

　次は、具体的な問題作成例を見ていきましょう。
　これによって、実際にChatGPTを使った問題集がどのようなものになるのか、理解を深めることができます。

8-4　実践的な問題作成例

ChatGPTを活用して小学生向けの問題集を作成することは、教育の質を向上させるだけでなく、学習者にとっても楽しい体験を提供します。

ここでは、ChatGPTを使って作ることができる実践的な問題作成の例を紹介します。

算数　創造的な数学クイズの作成

問題例

> ある農場には、ニワトリとウシがいます。ニワトリとウシの合計で30頭、足の合計で100本あります。
> 農場にはそれぞれ何頭のニワトリとウシがいるでしょう？

このタイプの問題は、子どもたちに算数の楽しさを伝えるだけでなく、論理的思考能力を養うのに役立ちます。

ChatGPTはこのような創造的な問題を無限に生成することができ、子どもたちの想像力を刺激します。

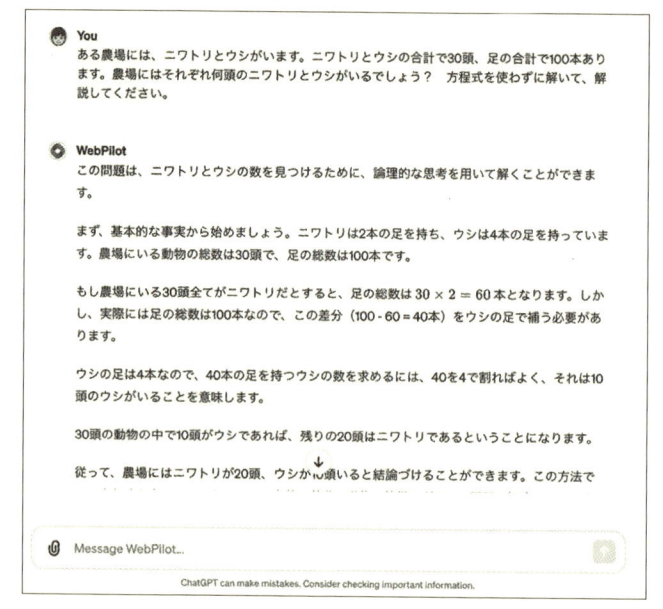

図8-1　ChatGPTによるつるかめ算の解説

国語 物語を完成させる

問題例

> 「ある晴れた日、リサは森の中で不思議な箱を見つけました。箱を開けると、中からは…」学習者にこの物語を完成させてもらいます。

　このアプローチは、読解力を高めるだけでなく、創作文のスキルを育てるのにも有効です。

　ChatGPT は物語の始まりを提供し、学習者が自分の創造力を使って物語を完成させることを促します。

理科 探究心を刺激する質問

問題例

> 水が凍ると、なぜ体積が増えるのでしょうか？

　科学的な現象に関する質問は、子どもたちの好奇心を刺激し、自然界への興味を深めます。

　ChatGPT は、さまざまな科学的トピックに関する質問を提供し、学習者が自分で調べたり、実験を通じて答えを見つけることを奨励します。

社会 歴史的人物に関するクイズ

問題例

> この人物は、アメリカの独立宣言に署名した最年少の署名者です。
> 彼の名前は何でしょう？

　歴史や社会科学に関するクイズは、学習者の記憶力を鍛えるだけでなく、歴史的な出来事や人物に対する理解を深めるのに役立ちます。

　ChatGPT は、興味深い歴史的事実や人物についての問題を生成し、学習者の探究心を喚起します。

＊

　これらの例は、ChatGPT を使って小学生向けの問題集を作成する際の可能性を示しています。

次に、ChatGPTを活用した問題集の活用方法について見ていきましょう。

これによって、完成した問題集がどのようにして学習プロセスに組み込まれ、教育的な価値を最大限に引き出すかについて理解を深めます。

8-5　ChatGPTを活用した問題集の活用方法

ChatGPTで作成した問題集は、学習者にとって貴重な資源となります。

これらの問題集を効果的に活用することで、学習体験をさらに豊かにし、知識の定着を促進することができます。

以下では、ChatGPTを活用した問題集の具体的な活用方法を紹介します。

クラスルームでの活動として組み込む

教師は、ChatGPTで作成した問題集を授業計画の一部として取り入れることができます。

たとえば、数学や科学の授業で、ChatGPTが生成した問題をクラス全体または小グループで解く活動を行なうことができます。

このような活動は、学習者同士のコミュニケーションを促し、協力して問題を解決するスキルを養います。

自宅学習のための資料として提供する

保護者は、ChatGPTで作成した問題集を子どもの自宅学習のための資料として活用することができます。

特に休校期間や長期休暇中には、これらの問題集が学習習慣を維持するのに役立ちます。

また、子どもが特定の分野に興味をもっている場合は、そのトピックに関連する問題集をカスタマイズして作成し、学習意欲を高めることが可能です。

オンライン学習プラットフォームでの利用

ChatGPTで作成した問題集は、オンライン学習プラットフォームに組み込むことで、より多くの学習者にリーチすることができます。

問題集をデジタル形式で共有することにより、自宅での学習やリモート学習が必要な学生もアクセスしやすくなります。

また、オンラインプラットフォームを通じて、学習者からのフィードバックを収集し、問題集の質をさらに向上させることも可能です。

ピアラーニングとして活用する

学習者同士でChatGPTによって作成された問題集を共有し、互いに解答を試みる「ピアラーニング」は、学習効果を高める有効な方法です。

このアプローチは、学習者が互いの理解を深め合う機会を提供し、同時にコミュニケーション能力の向上にも寄与します。

＊

ChatGPTを活用した問題集は、教室内外で多様な形で活用することができ、学習者の知識習得、スキル向上、そして全体的な学習体験の質を高めることに貢献します。

8-6 教育資源としてのChatGPT

ChatGPTの出現は、教育の領域において革新的な変化をもたらします。

この高度なAIツールは、教師や保護者が小学生の学習体験を豊かにし、知識の習得とスキルの向上を促進するための強力な資源です。

教育資源としてのChatGPTの活用方法には、以下のような多岐にわたる可能性があります。

個別化された学習支援

ChatGPTの最大の強みの一つは、**個々の学習者に合わせたカスタマイズが可能であること**です。

学習者の興味や学習レベルに応じて、ChatGPTは特定のトピックに関する質問を作成したり、解説を提供したりすることができます。

これによって、教育者は学習者一人一人のニーズに応じたサポートを提供することが可能になり、より効果的な学習体験を実現できます。

インタラクティブな学習体験

ChatGPTを利用することで、学習者はインタラクティブな学習体験を享受できます。

AIとの対話を通じて、学習者は自分のペースで学ぶことができ、即時フィードバックを得ることが可能です。

これは、特に新しい概念を理解する際や、難しい問題に取り組む際に、学習者の自信を高め、学習効果を向上させます。

創造的な学習材料の開発

ChatGPTを使用することで、従来の教科書や教材にはない、創造的で魅力的な学習材料を開発することができます。

物語の作成、シミュレーション問題、クリエイティブなライティングの課題など、学習者の創造力と批判的思考力を刺激するような活動が可能になります。

これらの活動は、学習者が楽しみながら学べる環境を提供し、教育過程において重要な役割を果たします。

継続的な学習の促進

ChatGPTは、学習者が学校だけでなく家庭でも学習を続けることを促します。

オンラインでアクセス可能なこのツールを利用して、学習者はいつでもどこでも学習活動を行なうことができます。

この柔軟性は、学習者が継続的に学習に取り組む動機を高め、学習成果を最大化するのに役立ちます。

多様性と包括性の促進

ChatGPTは、さまざまな文化的背景や学習ニーズをもつ学習者に対して、より包括的な教育を提供する機会も創出します。

多様な視点や事例を取り入れることで、学習者は幅広い知識を得ることができるだけでなく、異なる文化や価値観に対する理解と尊重を深めることができます。

これは、グローバル化が進む現代社会において、極めて重要なスキルセットです。

教育のアクセシビリティ向上

さらに、ChatGPTは教育のアクセシビリティを向上させる可能性を秘めています。

リソースが限られている地域や、伝統的な学習環境にアクセスが困難な学習者でも、インターネットが利用できればChatGPTを通じて質の高い教育コンテンツにアクセスできるようになります。

このようにして、教育の機会均等を促進し、より多くの学習者が自己実現の道を歩めるようになります。

＊

このようにChatGPTを教育資源として活用することは、教育者にとっても学習者にとっても大きなチャンスを意味します。

このテクノロジーを用いることで、個別化された学習支援、インタラクティブな学習体験、創造的な学習材料の開発、そして継続的な学習の促進が可能になります。

また、多様性と包括性の促進、教育のアクセシビリティ向上といった社会的価値も実現できることでしょう。

ChatGPTを活用した教育の未来は明るく、その潜在能力を最大限に引き出すための探求はこれからも続きます。

教育者として、私たちはこの変革の旅に積極的に参加し、学習者が成功への道を切り開くのを助ける必要があります。

8-7 ChatGPTを活用した問題集作り

本章では、ChatGPTを活用して小学生向けの問題集を作成する方法について詳しく掘り下げました。

ChatGPTの基本機能から始まり、具体的な問題作成例、そしてその問題集を活用する多様な方法まで、教師や保護者がChatGPTを教育資源として効果的に利用するためのガイドを提供しました。

以下は、本章の主要なポイントをまとめたものです。

ChatGPTの基本機能と教育への応用

ChatGPTは、自然言語処理を基にしたAIで、教育分野でのさまざまな用途に応じたカスタマイズが可能です。

このツールを使って、個々の学習者に合わせた問題集を作成することができます。

問題集作りのメリット

ChatGPTを使った問題集の作成は、学習者の創造性を刺激し、即時フィードバックにより学習効果を高めるなど、多くの教育的メリットを提供します。

実践的な問題作成例

算数クイズ、物語の完成、科学的な探究質問、歴史クイズなど、ChatGPTを使って作成できる問題の例を紹介しました。

これらは、学習者の興味を引きつけ、知識の定着を助けるために設計されています。

問題集の活用方法

ChatGPTで作成した問題集は、クラスルームでの活動、自宅学習、オンライン学習プラットフォーム、ピアラーニングなど、さまざまな方法で活用することが可能です。

教育資源としてのChatGPT

ChatGPTは、教師や保護者が小学生の学習体験を豊かにするための強力なツールです。

この技術を活用することで、学習者に合わせた教育内容の提供、学習意欲の促進、そして知識の深化が期待できます。

＊

ChatGPTを活用した問題集作りは、教育の未来において大きな可能性を秘めています。

9章

ChatGPTで自由研究をもっと楽しく!

夏休みは自由研究の絶好のチャンスです。新しい知識を学び、自分の興味を深めるための時間ですが、どんなテーマで研究を行なうか悩むことも多いですよね。

本章では、AIを活用して、自由研究をより楽しく、効率的に進める方法をご紹介します。

小学生から大学生まで、幅広い年齢層に対応したアイデアを提案しますので、ぜひ参考にしてください。

筆者	● kana
サイト名	● 猫でもわかる ChatGPT
URL	● https://www.tokachi-ichiba.com/jiyukenkyu2/
記事名	● ChatGPT で自由研究をもっと楽しく!実例とアイデア集

9-1 ChatGPTを使った自由研究のテーマ選び

自由研究の最初のステップは**テーマ選び**です。テーマが決まらなければ、研究を始めることもできません。

しかし、どんなテーマにすればいいか悩むことも多いでしょう。

そんなときに頼りになるのがChatGPTです。このAIツールを使えば、自分の興味や関心に合わせたテーマを簡単に見つけることができます。

以下に、具体的な例を挙げて、ChatGPTを使ったテーマ選びの方法を詳しく説明します。

テーマを見つける

まず、自分がどのような分野に興味があるのかを考え、そのキーワードをChatGPTに入力します。

たとえば、環境問題について調べたい場合、環境問題についての自由研究のテーマを教えてと入力します。

すると、ChatGPTは、

- 地球温暖化の影響と対策
- プラスチックゴミのリサイクル方法
- 持続可能なエネルギー資源の調査

など、具体的なテーマをいくつも提案してくれます。

　これによって、自分の関心にぴったり合ったテーマを見つけることができます。

テーマを深堀りする

　また、テーマを選ぶ際には、自分が**興味をもっている分野をさらに広げ**ることも重要です。

　たとえば、動物について調べたいと入力すると、「絶滅危惧種の現状と保護活動」「ペットの行動学」「動物園の役割とその進化」など、動物に関連する幅広いテーマが見つかります。

　このように、自分が知らなかった新しい視点を得ることで、より深い研究が可能になります。

　さらに、具体的なテーマが決まったら、そのテーマに関連する質問をChatGPTに投げかけてみましょう。

　たとえば、「地球温暖化の影響と対策」というテーマを選んだ場合、地球温暖化の原因は何か？、地球温暖化が与える影響はどのようなものか？、地球温暖化を防ぐためにできることは何か？などの質問をChatGPTに投げかけることで、具体的な研究の方向性を見つけることができます。

　また、ChatGPTはテーマ選びだけでなく、研究の進行中にも役立ちます。

　たとえば、研究を進める中で新たな疑問が生じた場合、それをChatGPTに尋ねることで、追加の情報を得ることができます。これによって、研究の幅が広がり、より深い理解を得ることができます。

＊

　このように、ChatGPTを活用することで、自分の興味や関心に基づいた自由研究のテーマを簡単に見つけることができます。また、研究の進行中にも役立つ情報を得ることができるため、夏休みの自由研究がより楽しく、意義深いものになります。ぜひ、この便利なツールを活用して、充実した自由研究を行なってみてください。

9-2　ChatGPTでリサーチを効率化する方法

　自由研究を進める際には、テーマに関連する情報を集めることが不可欠です。

　しかし、膨大な情報の中から必要なものを見つけ出すのは、時間と労力がかかります。

　ここで役立つのがChatGPTです。AIの力を借りて効率的にリサーチを行なう方法を、具体例を交えてご紹介します。

テーマについての情報収集

　まず、基本的な情報収集から始めます。

　たとえば、地球温暖化についての研究を行なう場合、ChatGPTに地球温暖化とは何ですか？と質問します。すると、ChatGPTは簡潔で分かりやすい解説を提供してくれます。

　ここから得られる基本的な知識は、研究の基盤となるため非常に重要です。

　次に、より具体的な情報を集めるために、追加の質問を行ないます。

　たとえば、地球温暖化の原因は何ですか？や地球温暖化の影響にはどのようなものがありますか？など、テーマに関連する詳細な情報を尋ねることで、リサーチが深まります。

　さらに、ChatGPTを使ってリサーチを効率化するもう一つの方法は、特定のトピックについての専門的な資料や論文を探すことです。

　たとえば、地球温暖化に関する最新の研究論文を教えてくださいと尋ねると、関連する論文の概要やリンクを提供してくれることがあります。

　これによって、最新の研究成果にアクセスし、より深い理解を得ることができます。

　リサーチの途中で新たな疑問が生じた場合も、すぐにChatGPTに尋ねることができます。

　たとえば、地球温暖化の影響を軽減するための具体的な方法は何ですか？といった質問をすると、具体的な解決策や事例を得ることができます。これで研究の方向性を見失うことなく、スムーズに進めることができます。

また、ChatGPTはさまざまな情報源からデータを集めてくれるため、自分では気づかないような新しい視点や情報を得ることができます。

たとえば、特定の国や地域における地球温暖化の影響について詳しく知りたい場合、`アフリカにおける地球温暖化の影響を教えてください`と質問すると、地域特有の影響や取り組みについての情報を得ることができます。

これによって、研究の幅が広がり、より包括的な視点をもつことができます。

＊

このように、ChatGPTを活用することで、自由研究のリサーチを効率的に行なうことができます。

必要な情報を迅速に集め、深い理解を得ることで、質の高い研究ができるのです。

9-3　ChatGPTを活用したデータ分析とグラフ作成

自由研究を進める上で、**データの分析と視覚化**は重要なステップです。

データを正確に分析し、その結果を分かりやすくグラフやチャートで表現することで、研究内容をより説得力のあるものにすることができます。

ここでは、ChatGPTを使ってデータ分析とグラフ作成を効率的に行なう方法を詳しく説明します。

ChatGPTでデータ分析

まず、データ収集の段階でChatGPTを活用しましょう。

たとえば、温室効果ガスの排出量に関するデータを集めたい場合、`世界各国の温室効果ガス排出量のデータを教えてください`とChatGPTに尋ねます。

この段階で、**データの信頼性と正確性を確認する**ことが重要です。

次に、集めたデータを分析します。

たとえば、温室効果ガス排出量のデータをExcelやGoogle Sheetsに入力し、ChatGPTに`このデータを使って温室効果ガス排出量の増減傾向を分析する方法を教えてください`と質問します。

　すると、ChatGPTはデータの分析方法や統計手法についての具体的なアドバイスを提供してくれます。

　たとえば、回帰分析や時系列分析などの手法を使ってデータを分析し、傾向を把握する方法を教えてくれます。

ChatGPTでグラフを作成する

　さらに、分析結果を視覚化するためにグラフやチャートを作成しましょう。ChatGPTに温室効果ガス排出量のデータを使ってグラフを作成する方法を教えてくださいと尋ねると、適切なグラフの種類や作成手順を教えてくれます。

　たとえば、折れ線グラフや棒グラフを使って、各国の排出量の変化を視覚的に示す方法を提案してくれます。
　実際にグラフを作成する際には、以下のステップを参考にしてください。

ステップ1：データの整理

　集めたデータを整理し、グラフに表示するためのフォーマットに整えます。Excelや Google Sheetsを使って、データを適切に整えましょう。

ステップ2：グラフの選択

　表示したい情報に最も適したグラフの種類を選びます。
　たとえば、時系列データを表示する場合は折れ線グラフ、カテゴリごとの比較を表示する場合は棒グラフが適しています。

ステップ3：グラフの作成

　選んだグラフの種類に基づいて、データを入力し、グラフを作成します。
　Excelや Google Sheetsでは、データを選択してグラフ作成ツールを使うだけで簡単にグラフが作成できます。

ステップ4：グラフのカスタマイズ

　作成したグラフを見やすくするために、タイトル、ラベル、色、軸の調整などを行ないます。
　ChatGPTにグラフの見やすくするためのカスタマイズ方法を教えてください

と尋ねると、具体的なアドバイスを得ることができます。

たとえば、温室効果ガス排出量のデータを元に、以下のようなグラフを作成することができます。

表9-1　グラフの例

| 折れ線グラフ | 時系列に沿ったデータの変化を示すのに適しており、各国の温室効果ガス排出量の増減傾向を視覚的に示します。 |
| 棒グラフ | 各国の排出量を比較するのに適しており、異なる国の排出量を一目で比較することができます。 |

*

このように、ChatGPT を活用することで、データの収集から分析、そして視覚化までのプロセスを効率的に進めることができます。

データを正確に分析し、分かりやすくグラフで表現することで、研究内容の説得力を高めることができます。ぜひ、ChatGPT を活用して、データ分析とグラフ作成を行なってみてください。

9-4 ChatGPTでレポートをまとめるコツ

自由研究の最終ステップとして、収集したデータや分析結果をもとにレポートをまとめる必要があります。

レポートは研究の成果を他者に伝える重要な手段です。ChatGPTを活用すれば、効果的な**レポートの書き方やまとめ方**を学ぶことができます。

ChatGPTを使ったレポートのまとめ方

以下に、ChatGPTを使ったレポートのまとめ方のコツを具体例とともにご紹介します。

レポートの構成を決める

まず、**レポートの基本的な構成**を決めることが重要です。

一般的なレポートの構成は以下の通りです。

表9-2　レポートの構成

タイトルページ	研究のタイトル、名前、学年、日付などを記載します
目　次	各セクションの見出しとページ番号を記載します
序　論	研究の背景、目的、方法を簡潔に説明します
本　論	研究の詳細な内容を説明します データの分析結果や考察を含めます
結　論	研究の結果をまとめ、今後の課題や感想を述べます
参考文献	参考にした資料や文献を記載します

ChatGPTに自由研究のレポートの基本構成を教えてくださいと尋ねることで、上記のような構成をすぐに確認することができます。

序論を執筆する

序論では、**研究の背景や目的を簡潔に説明**します。

ChatGPTに地球温暖化に関する自由研究の序論を書く方法を教えてくださいと尋ねると、具体的な例を提示してくれます。たとえば、以下のようなものです。

> 地球温暖化は、現在世界中で深刻な問題となっています。本研究では、地球温暖化の原因と影響を調査し、効果的な対策について考察します。特に、日本における温室効果ガスの排出量とその対策について詳しく調べ、将来に向けた具体的なアクションプランを提案します。

本論を詳細に書く

本論では、収集した**データやその分析結果を詳細に説明**します。

ChatGPTに地球温暖化の影響に関する本論を書く方法を教えてくださいと質問すると、以下のように具体的な内容を提案してくれます。

本研究では、まず地球温暖化の主な原因である温室効果ガスについて詳しく調査しました。次に、過去50年間の温室効果ガス排出量のデータを分析し、その増加傾向を確認しました。また、地球温暖化がもたらす具体的な影響として、海面上昇、気候変動、生態系への影響などについても考察しました。

結論をまとめる

結論では、**研究の結果をまとめ、今後の課題や感想を述べます**。ChatGPTに自由研究の結論を書く方法を教えてくださいと尋ねると、具体的な例を示してくれます。

以下に例を挙げます。、

本研究を通じて、地球温暖化が深刻な問題であり、その原因と影響を正確に理解することが重要であることが分かりました。特に、日本における温室効果ガスの排出量削減の必要性が強調されました。今後は、個人レベルでも環境保護のための具体的な行動を起こすことが求められます。

参考文献の整理

最後に、参考にした**資料や文献を整理し、リスト化**します。

ChatGPTに参考文献の書き方を教えてくださいと尋ねると、適切なフォーマットを示してくれます。

Smith, J. (2020). Global Warming: Causes and Effects. Environmental Science Journal, 45(2), 123-135.

＊

このように、ChatGPTを活用することで、レポートの構成を整え、各セクションを効果的に執筆することができます。

レポートの書き方やまとめ方に困ったときは、ぜひChatGPTに相談してみてください。

研究の成果を分かりやすく伝えるための強力なサポートとなります。

ChatGPTを使った発表資料の作成

自由研究の成果を他人に伝えるためには、**発表資料の作成**が重要です。

分かりやすく魅力的な資料を作成することで、研究の内容を効果的に伝えることができます。

ここでは、ChatGPTを活用して発表資料を作成する方法を具体例とともに説明します。

プレゼンテーションの構成を決める

まず、**発表資料の基本的な構成**を決めます。以下のような構成が一般的です。

表9-3　発表資料の構成

タイトルスライド	研究のタイトル、発表者の名前、日付などを記載します
序論スライド	研究の背景、目的を簡潔に説明します
本論スライド	研究の詳細な内容をスライドにまとめます データ、分析結果、考察などを含めます
結論スライド	研究の結果をまとめ、今後の課題や感想を述べます
参考文献スライド	参考にした資料や文献を記載します

ChatGPTに プレゼンテーションの基本構成を教えてください と尋ねることで、上記のような構成を確認することができます。

序論スライドを作成する

序論スライドでは、**研究の背景や目的を簡潔に説明**します。

ChatGPTに 地球温暖化に関するプレゼンテーションの序論スライドを作成する方法を教えてください と尋ねると、以下のような内容を提案してくれます。

背景：地球温暖化は、現在世界中で深刻な問題となっています。

目的：本研究では、地球温暖化の原因と影響を調査し、効果的な対策について考察します。

本論スライドを詳細に作成する

本論スライドでは、収集した**データやその分析結果を詳細に説明**します。

ChatGPTに地球温暖化の影響に関するプレゼンテーションの本論スライドを作成する方法を教えてくださいと質問すると、以下のような内容を提案してくれます。

背景：地球温暖化は、現在世界中で深刻な問題となっています。
目的：本研究では、地球温暖化の原因と影響を調査し、効果的な対策について考察します。

各スライドに図表やグラフを追加することで、視覚的に分かりやすくなります。
ChatGPTにグラフや図表を効果的に使う方法を教えてくださいと尋ねると、具体的なアドバイスを得ることができます。

結論スライドを作成する

結論スライドでは、研究の結果をまとめ、今後の課題や感想を述べます。

ChatGPTに自由研究の結論スライドを作成する方法を教えてくださいと尋ねると、以下のような内容を提案してくれます。

データの分析：過去50年間の温室効果ガス排出量のデータを分析し、その増加傾向を示します。
影響の考察：地球温暖化がもたらす具体的な影響(例：海面上昇、気候変動、生態系への影響)について説明します。

参考文献スライドを整理する

最後に、参考にした**資料や文献を整理し、リスト化**します。

ChatGPTに参考文献スライドを作成する方法を教えてくださいと尋ねると、適切なフォーマットを示してくれます。たとえば、以下のようなものです。

```
Smith, J. (2020). Global Warming: Causes and Effects. Environmental
Science Journal, 45(2), 123-135.
Johnson, A. (2019). Climate Change and its Impact on Marine Life.
Oceanography Studies, 32(4), 98-112.
```

スライドのデザインとレイアウトを整える

　見やすい発表資料を作成するために、**スライドのデザインとレイアウト**にも注意を払いましょう。

　シンプルで統一感のあるデザインを選び、文字のフォントやサイズ、色使いにも気を付けます。

　ChatGPT に 見やすいプレゼンテーションスライドのデザインのコツを教えてください と尋ねると、具体的なアドバイスを得ることができます。

＊

　このように、ChatGPT を活用することで、発表資料の作成を効率的に行なうことができます。

　分かりやすく魅力的な資料を作成し、研究の成果を効果的に伝えるために、ぜひ ChatGPT を活用してみてください。

9-5　ChatGPTの力で自由研究を効率的かつ効果的に

　ChatGPT を活用して夏休みの自由研究を進める方法について、テーマ選びからリサーチ、データ分析、レポート作成、発表資料の作成まで、各段階で ChatGPT がどのように役立つかを詳しく説明しました。

　最後に、この章の内容をまとめて、役立つポイントを再確認しましょう。

自由研究のテーマ選び

　ChatGPT を使うことで、自分の興味や関心に基づいたテーマを簡単に見つけることができます。

　特定の分野やトピックに関する質問を ChatGPT に投げかけることで、具体的な研究テーマの提案を受けることができ、夏休みの自由研究がより楽しく、意義深いものになります。

リサーチの効率化

　膨大な情報の中から必要なデータを効率的に集めるために、ChatGPTを活用します。

　具体的な質問を投げかけることで、信頼性の高い情報源から必要な情報を迅速に得ることができます。

　また、リサーチの途中で新たな疑問が生じた場合にも、すぐに追加の情報を得ることができるため、スムーズに研究を進めることができます。

データ分析とグラフ作成

　収集したデータを分析し、視覚的に分かりやすくグラフやチャートで表現するために、ChatGPTのアドバイスを活用します。

　データの整理、分析方法、適切なグラフの種類の選択など、具体的な手順をChatGPTから学ぶことで、質の高い分析とプレゼンテーションが可能になります。

レポートのまとめ方

　研究の成果を効果的に伝えるためには、分かりやすく構成されたレポートが必要です。

　ChatGPTを使って、序論、本論、結論の各セクションをどのように書くか具体的な例を参考にしながら執筆します。これによって、内容が明確で説得力のあるレポートを作成することができます。

発表資料の作成

　研究内容を他者に伝えるための発表資料も、ChatGPTのサポートを受けながら作成します。

　スライドの構成、内容のまとめ方、視覚的に分かりやすいデザインのコツなど、ChatGPTのアドバイスを活用することで、魅力的で効果的なプレゼンテーション資料を作成することができます。

＊

　以上のように、ChatGPTを活用することで、夏休みの自由研究を効率的かつ効果的に進めることができます。

　AIの力を借りて、自分の興味や関心を深め、充実した研究活動を行なってみてください。

索　引

《筆者 & 引用元データ》

筆者および本書に掲載した記事の引用元サイトは以下の通りです。

筆者名	きょろ
サイト名	AIワークスタイル
URL	https://ai-workstyle.com/

筆者名	原口直
サイト名	原口 直の学校著作権ナビ
URL	https://maruc.work/

筆者名	kana
サイト名	猫でもわかるChatGPT
URL	https://www.tokachi-ichiba.com/

(以上、掲載順)

本書の内容に関するご質問は、
①返信用の切手を同封した手紙
②往復はがき
③E-mail editors@kohgakusha.co.jp
のいずれかで、工学社編集部あてにお願いします。
なお、電話によるお問い合わせはご遠慮ください。

サポートページは下記にあります。

[工学社サイト]
http://www.kohgakusha.co.jp/

I/O BOOKS

保護者と教育者のための生成AI入門
基本的な使い方とトラブル対処法から教育での活用法まで

2024年11月30日　初版発行　ⓒ2024

編集　　I/O編集部
発行人　星　正明
発行所　株式会社工学社
〒160-0011　東京都新宿区若葉1-6-2 あかつきビル201
電話　　(03)5269-2041(代)[営業]
　　　　(03)5269-6041(代)[編集]

※定価はカバーに表示してあります。

振替口座　00150-6-22510

印刷:(株)エーヴィスシステムズ

ISBN978-4-7775-2285-9